Vincent Goesi

L'avenir de Bastien

Vincent Goesi

L'avenir de Bastien

Comment la parole de la Bible peut éclairer votre vie

Éditions Croix du Salut

Imprint
Any brand names and product names mentioned in this book are subject to trademark, brand or patent protection and are trademarks or registered trademarks of their respective holders. The use of brand names, product names, common names, trade names, product descriptions etc. even without a particular marking in this work is in no way to be construed to mean that such names may be regarded as unrestricted in respect of trademark and brand protection legislation and could thus be used by anyone.

Cover image: www.ingimage.com

Publisher:
Éditions Croix du Salut
is a trademark of
International Book Market Service Ltd., member of OmniScriptum Publishing Group
17 Meldrum Street, Beau Bassin 71504, Mauritius
Printed at: see last page
ISBN: 978-613-7-37600-3

Note d'intention :

J'ai volontairement fais un héros d'un caractère hésitant et anxieux, pour que, lorsqu'il reprendra enfin confiance en ses capacités, le dénouement soit très satisfaisant.

Aussi, je table sur de l'humour situationnel, dû à la naïveté, la jeunesse, et le manque de motivation du personnage principal. Il aura d'autant plus une grande marge de progression le long du récit.

J'espère maitriser le rythme de l'histoire, les descriptions et les personnages suffisamment pour donner du crédit et titiller la curiosité du lecteur.

Dans le futur que je décris, les progrès techniques n'ont pas fondamentalement changer la société, mais je l'imagine tout de même plus moralement confus : à l'apogée du big Data où tout le monde peut surveiller facilement son voisin et chacun fait très attention à son image numérique, mais cache par la même sa nature profonde.

Comme les choses s'accélèrent, une partie de la population est dépassée et cela génère un mal être. Ce n'est pas le cas de notre héros qui a de bonnes capacités, cependant sa paresse peut lui jouer des tours parfois. L'idée est aussi de déculpabiliser ses petits défauts à travers le récit, et questionner le lecteur : quand Bastien aurait-il dû se remettre en question ? Quand avait-il raison de s'appuyer sur les autres, se questionner, et quand aurait-il dû suivre son instinct et prendre des initiatives.

J'aimerais aussi attirer l'attention sur un trouble que j'ai personnellement, le trouble de l'attention dit TDA/H. Et faire prendre conscience que nous avons tous un rythme et des rituels propre, qu'il ne sert à rien de chercher à forcer la nature de quelqu'un d'autre. Qu'il ait un trouble psychique ou pas. Le management autoritaire n'a peut-être pas tant de beaux restes que ça, vive les entreprises libérées !

Peut-être qu'un bénéfice secondaire du récit serait de rassurer les jeunes, qu'on est tous passé par un âge ingrat, qu'on a tous eu des clashs générationnels et des incompréhensions, des erreurs de parcours. Et qu'on s'en est tous sorti en s'appuyant sur ses propres ressources !

Le parcours initiatique du personnage principal est aussi un moyen détourné d'intéresser le lecteur à des bases de philosophies, sans rentrer dans les détails ni faire ici des débats d'idées. Juste pousser les lecteurs à poser un regard curieux (et éventuellement aller plus loin, par leur propre moyen, si le cœur leur en dit !) sur des concepts qui me plaisent à moi d'abord. Dont j'ai pu débattre longuement avec des amis ou qui nous ont fait rire. Aussi, s'émerveiller sur la richesse de la pluralité et la diversité des profils sur Terre. Qui fait tourner le monde d'une certaine façon.

Blocages à l'écriture :

- Manque de temps, manque de pages et de rebondissements.
- Je suis perfectionniste, je pourrais me relire 15 fois et ça n'irait pas 15 fois.
- J'aime les descriptions et manier l'humour et le tempo, je sais le faire en impro. Je ne sais pas le faire en écrivant, c'est une expertise qui me manque.

Points forts :

- J'aime ça
- J'écris en moyenne 670 mots en 20min le soir contre 430 en 20min le midi et 250 pour 20min le matin de bonne heure
- Mon histoire est sincère, beaucoup de personne que j'ai peu rencontré sont dans ce cas de figure

4ème de couverture

Son avenir est incertain…

Et pourtant, il va falloir avancer, progresser. Malgré le stress, la pression, pression des autres, pression pour soi. Anxiété de la jeunesse, d'un réseau de contact et de savoir-faire limités.

En partie guidé par le choix des autres, parfois aussi par de mauvaises intentions. Bastian va-t-il tenir bon dans la direction qu'il a choisie ?

Ce jeune homme, naïf et inexpérimenté, va devoir se définir, et s'affirmer, s'il veut résister et s'accomplir dans le monde difficile des enquêteurs de terrain. Mais comment positionner ses pions lorsque l'on possède si peu d'expérience, et un poil dans la main. La volonté ne suffira pas seule…

Va-t-il trouver un équilibre dans le chaos de sa vie, et la société dure et froide, à contre-courant de son caractère ? Dans laquelle la politique, comme les relations aux autres sont de plus en plus contrôlées et aseptisés.

Où, devra-t-il envisager une voie détournée ?

Le destin va placer sur son chemin un magnat de l'industrie et des biotechnologies. Tout est confus dans cette affaire, à vrai dire, beaucoup de non-dits rendent le cas Walter bien plus complexe qu'il ne devrait être. Et pourtant, cette affaire ne mérite pas de finir dans le classeur des 'affaires classées' sans dénouement, car quelque-chose de grave se trame dans cette usine !

Bastien trouvera il les ressource, pour gérer de front son futur et l'affaire Walter ?

Vous le saurez en lisant cette aventure, qui va le mener au fond de la pensée humaine, mais surtout de ses propres pensées et émotion, et son obsession à évoluer positivement.

Avant-propos

Je cherche, par ce récit romancé, initiatique, et autobiographique par passages. A montrer que la parole et les prières sont toutes puissantes à surmonter les obstacles de la vie adultes.

Je vais accompagner chaque chapitre d'un rappel de passage biblique et d'une réflexion sur ce que m'a appris la bible et la méditation par la prière, sur mes erreurs et mes pêchers.

L'étude bible m'a beaucoup aidé personnellement à progresser et à devenir meilleure. Alors que je persistais dans mes pêchers et que je cherchais à couvrir mes erreurs en prétendant que c'était la faute des autres, du contexte, du hasard, de la maladie. Je m'enfonçais en fait dans la faute et la misère personnelle. Renouer une relation personnelle avec DIEU m'a permis d'enfin avancer dans ma vie et progresser. M'aimer d'esprit avant tout, plus que de chair, et enfin trouver un apaisement et des réponses à mes colères vaines

Merci infiniment a Éric pour ses conseils et l'aide qu'il m'a apporté à comprendre, pour enfin transmettre, à la hauteur de mes compétences, la paroles bibliques et les commandements. Et de renouer avec la prière et le salut spirituel.
Vincent

Pagination :

-Chapitre 1 : Le commencement ……………………………………………………………page 6

-Chapitre 2 : Chez Papy Georges …………………………………………………………page 11

-Chapitre 3 : Chez Annie……….……………………………………………………..……..page 15

- Chapitre 4 :Une partie de Rugby …………..……………………………………………page 21

- Chapitre 5 : Enseignements Obligatoires ………………………………………………page 28

- Chapitre 6 : Frustrations ………………………...………………………………………page 38

- Chapitre 7 :Passage obligatoire chez le psy……………………………………………page 52

-Chapitre 8 : Walter …………….………………………………………………..………page 60

-Chapitre 9 : 'Nous allons t'améliorer' …………………………………………………page 45

- Chapitre 10 : Poursuite et … victoire ? ………………………………………………page 71

Chapitre 11 : Tout est bien qui finit bien……………………………………………..page 88

Remerciements :

Merci à ma famille, qui me supporte au quotidien et que j'aime profondément, mes amis qui se reconnaitrons, Grenoblois comme Montargois comme Senonais et j'en oublie certainement.

Merci à mes différents professeurs, de théâtre comme de science et de techniques qui m'ont appris la rigueur et la persévérance nécessaire à toute entreprise.

Et merci à Véronique Plouvier et son programme d'écriture, sans laquelle je n'aurais jamais osé et je ne me serais jamais lancé.

Merci à Éric, qui se reconnaitra, avec qui je ne compte plus le nombre d'heure d'étude biblique.

Marc 10:22 « Tu connais les commandements: Tu ne commettras point d'adultère; tu ne tueras point; tu ne déroberas point; tu ne diras point de faux témoignage; tu ne feras tort à personne; honore ton père et ta mère . Il lui répondit: Maître, j'ai observé toutes ces choses dès ma jeunesse. Jésus, l'ayant regardé, l'aima, et lui dit: Il te manque une chose; va, vends tout ce que tu as, donne-le aux pauvres, et tu auras un trésor dans le ciel. Puis viens, et suis-moi. Mais, affligé de cette parole, cet homme s'en alla tout triste; car il avait de grands biens.».

Chapitre 1 : Le commencement

Cette grande histoire ; l'histoire de mon naufrage, suivi de ma rédemption, commença pourtant bien. Stressant, mais pas si mal.

Dans le bureau de la conseillère d'orientation.

En réalité, j'avais pas trop d'espoir à ce moment de mon existence, j'étais moyen dans tout ce que j'entreprenais… des bonnes notes en sports, mais pas au point d'en être mordu.

J'aimais Netflix, et les romans policiers, pour le suspense. J'avais fait du travail en intérim, donc ni sur la paille, ni en perdition, si on résume. Mais toujours pas de passion brulante, qui me donnerais un élan vital jusqu'à la fin de mes jours, comme je le voyais chez certains de mes camarades.

Moi, c'est Bastien, taille moyenne, cheveux bruns un peu raide, yeux bruns. Un archétype de banalité. Pas spécialement un bagout ou un charisme débordant. La curiosité peut-être étais ma plus grande qualité, quoique certains se figurent que c'est un défaut. J'essayes d'être drôle surtout pour chercher à me faire accepter, mais en réfléchissant bien, ce n'est pas la qualité, douteuse, de mon humour qui a de l'attiré mes amis au premier abord.

Lycéen ordinaire avec une vie régulée par les études, pas grand-chose à vendre aux autres en termes de chemin de vie. Des connaissances théoriques surtout, comme tout lycéen, sensées me lancer dans une voie pour mon existence.

Mais pour l'instant j'étais dans une phase d'hésitation intense qui n'arrangeait pas mon interlocutrice.

En ce moment donc, en attente, dans un bureau rangé au cordeau, qui me confirmais le fait de ne pas vouloir travailler dans de l'administratif, vu les trieurs dans tous les sens, et la propreté presque clinique du bureau. Avec une conseillère d'orientation d'allure stricte, et pas que d'allure à vrai dire.

Je ne savais pas exactement son rôle, souligner mes points forts ? Me piquer à l'ego ? Ou me chercher un patron bienveillant… ça j'en doutais.

« Eh bien » Fit-t-elle enfin après avoir rapidement 'scanné' mon bulletin de notes

« Ce n'est pas brillant tout cela ! »

Je n'allais pas l'adorer en tout cas c'était certain, et en même temps ce n'était pas là son rôle.

« Vos hobbies je vous conseils de les enlever, c'est romancé vous savez les romans » Sans blague ! « C'est très éloigné de la réalité du terrain, m'enfin si vous voulez tenter l'école de Police après tout allez-y, je vous adresse leur journée de recrutement »

Elle me tendit un prospectus, toujours l'air glacial et concentrée

« … En même temps la science je ne vous y voit pas, il faut de bonnes capacités intellectuelles »

Merci !

« Le littéraire, il faut de la détermination et un réseau solide, de quoi rebondir, si ça se passe différemment du plan d'origine. La culture n'en parlons pas, je ne vous vois pas supporter le stress et la précarité de ce milieu.

Le numérique, il faut une patience et des prédispositions. C'est un travail de fourmis, à vous de voir. Mais comme vendeur, il faut du bagout par contre, les gens sont parfois très hermétiques à l'informatique, il vous faudra tout monter de fond de A à Z !!

Agricole ? Non vous n'êtes pas assez robuste. Transports de même. Que vais-je faire de vous ?

Chercheur ? non soyons réalistes, ce sont des gens qui avancent dans le brouillard, sur plusieurs projets en simultanées, et avec peu de moyens. En tout cas pour la recherche publique. Je ne vous y voit donc pas non plus ». Et elle soupira.

Décidément je trouvais que cette conseillère d'orientation manquait de gentillesse comme d'imagination. Moi j'en voyais plus des métiers. Enfin j'imagine qu'elle faisait en fonction de mon bulletin et des écoles à sa disposition, je n'avais pas d'autre choix que de faire confiance, je n'avais pas de quoi lancer ma propre affaire.

Mais tout de même cette journée étais dure à encaisser !

« En plus, vous êtes en 2080, vous n'avez pas de catastrophe tel que le SIDA ou la covid19. Les jeunes de cette époque vous êtes plutôt avantagé, dans cette civilisation du plein emploi et de l'urbanité croissante. Tout va plus vite et est plus agréable qu'avant. »

Oui, elle tentait de m'avoir à l'ego, j'en étais sûr à présent.

« Réfléchissez à un vrai plan d'avenir puis revenez me voir, ou ne revenez pas je préférerais, cela voudrait dire, que mon travail est bien fait. »

Je m'étais pourtant mis sur ce que j'estimais être mon 31. Des habits empruntés à mon père, qui du coup faisait vieillot, mais donnais un air 'vintage' et élégant à mon allure. Même si j'étais inconfortable dans ces vêtements, je me disais que ce n'était pas très grave. Vers la quarantaine, ces vêtements, porté d'un style faussement négligé, en plus d'un whisky sans glaçon et un air ténébreux, me donnerai un air d'enquêteur désabusé mais consciencieux.

De plus, avec un petit air de Blues en fonds sonore, et je pourrais sans doute jouer dans une série à succès.

Oui, blague à part, je me projetais déjà dans une carrière de détective privé, sans en connaitre vraiment le fond… juste la forme. Mais bon tout s'apprends non ? … peut-être devrais-je me renseigner plus en détail sur les métiers que je visais, avant d'en parler à la conseillère d'orientation ! Elle m'avait conseillé en prime de mettre sur un tableau, les avantages et les inconvénients de chacun de mes coups de cœur. Et, banco ! de foncer en stage d'observation s'il existait plus de 'pour' que de 'contre'. Après son aval et les autorisations signés bien-sûr. Et croyez-vous que j'avais suivi son conseil ? Evidement que non ! quels jeune margoulin borné je pouvais faire des fois !!!

Je sortais dans la rue, la propreté, presque asepsie ! de l'extérieur, semblait donner raison à la dame que je venais de voir.

La population semblait belle, concentrée, amicale. Tous les éléments de la ville étaient un énorme piège à procrastination.

Mais les gens ne tombaient généralement pas dans ce piège. Consciencieux dans leur travail, et de l'impression laissée, et ultra-spécialisés dans leurs tâches, les services allaient effectivement de plus en plus vite. Et les ressources primaires semblaient inépuisables puisque synthétisables. Contrairement à la catastrophe écologique annoncée, les politiques avaient réussis à concilier écologie et progrès.

Et je comprenais d'autant plus le désarrois de la conseillère. Face à un plat de nouille flasque, elle avait certainement dû avoir du mal à trouver des qualités employables.

Comment allait-on trouver une force vive à rémunérer en moi ? Je me le demandais aussi, ce qui ajoutait un fond de déprime. Ce soir j'allais m'écrouler dans mon fauteuil, et manger de la junk-food dans mon spleen.

Je me dirigeais vers mon parc préféré. Cette routine me rassurais et me ressourçait. Voir toutes les fleurs et les animaux de ferme se prélasser dans leur enclos. Un rendez-vous familiale incontournable, ou plutôt pour les célibataires paumés comme moi : juste un endroit agréable. En regardant les cochons se rouler dans sa boue, je me disais que j'étais tout de même bien déprimé. Peut-être aurais-je préférer me réincarner en cochon ? Il avait l'air heureux dans sa bauge, un distributeur à nourriture dernière génération à sa disposition. Bon, c'était une régression assez sévère tout de même, et on mangeait les cochons en fin de vie… peut-être pas le plan parfait alors.

Tient ! je recevais un appel holographique de mes copains de bahut. Ils voulaient certainement savoir comment ça c'était passé pour moi.

Les appels holographiques étaient aussi une source de réconfort après ce rendez-vous désastreux [buffet, feu de cheminé, sentiment de sécurité et invitation au lâché prise].

En résumé, cette bande de jeunes survoltés que nous étions avait la capacité à refaire le monde en à peine 10 min.

Gagné ! ils attaquèrent fort. « Je vais rejoindre une grosse boite de multimédia. Je vais rejoindre une compagnie de voyage prestigieuse » etc.. Et ils commentaient les choix d'écoles et de carrière des autres camarades de classe évidement. Contrairement à moi ils semblaient avoir de l'ambition. Ensuite, la conversation vira vite sur les histoires de cœurs du moment, évidement !

J'étais heureux de revoir mes amis : Clément, Robin et Matthieu. Ceux-ci était encore aujourd'hui d'humeur propice à la déconne. C'étaient mes frères, le sang. Bien qu'ils étaient difficiles eux-aussi à mettre au travail sérieusement, il fallait parfois taper du poing sur la table, nous avions passé plusieurs grosses épreuves de vie ensembles, des 1ere fois beaucoup, et ça avait tisser des liens fort entre-nous.

C'était donc avec un pincement au cœur que je les laissais choisir et décoller sans moi dans la vie active, la vie d'adulte. Je doutais encore de mes ressources, alors ne parlons pas de leurs ressources, pour passer ce cap de la vie d'adultes ! j'en doutais énormément…surtout Matthieu ! qui allait commencer en passant ses journées devant la console !

C'est pourquoi je filtrai beaucoup leurs conseils… il fallait savoir tirer surtout le bénéfice dans une amitié !

Notamment le conseil de voir la vie comme un jeu vidéo …

…

Sans commentaire.

…

Oui, les Jeux Vidéos modélisent la réalité, mais en l'idéalisant. Et vu comme ils sont chronophages, ça doit rester un loisir et un 'bonbon' personnel.

Son jeu du moment par exemple était les Sims, je comprenais son engouement, car les Sims simulaient bien la vie et les interactions entre personnes. Les projets que l'on monte le long de son existence pour mourir sans regret. Le fait de commencer en bas de l'échelle pour monter en compétence et se faire un réseau de plus en plus grand et puissant. Les jeux de simulation étaient sympas pour ça en général, mais tellement chronophages !!!

En plus il me renvoyaient mon image de feignasse, car je manquaient souvent le travail dans mon monde de Sims et préférait surtout organiser de grandes fêtes ou tenter de draguer la voisine… sans commentaire non plus.

Vous me trouvez négatif ? moi je me trouve réaliste… en fait surtout stressé par mon avenir.

Aujourd'hui, comme je le disais plus tôt, ils étaient surexcités à l'idée de quitter le lycée, avoir un premier salaire, des premières responsabilité, de se spécialiser etc. Je me rendais compte grâce à eux qu'il était sans doute inutile d'angoisser à ce sujet, tout le monde le fait alors pourquoi pas moi !

Les conversations tournaient autour de la dernière voiture à la mode, de leur dernier achat, j'allais avoir du mal à ramener la conversation à mes problèmes d'orientation. Mais comme ils semblaient ne pas se faire de soucis pour moi alors je ne m'en faisait pas non plus par ricochet. Je profitais de cet instant de complicité.

Je pensais à mon projet d'être à mon compte. Détective Bastien sur une plaque au pieds d'un immeuble Haussmannien. Pour le lancer il me faudra de l'argent. Donc commencer certainement dans un grand commissariat . Avec un chef infect, tout puissant, intolérant à l'échec. Qui me dégouterais de la carrière publique.

Oui, j'avais tout un schéma de pensée ... peut-être faudra il penser à consulter un jour. Car ces ambitions étaient sans doute hors de propos... mais je préférais rêver. Drôles de rêves en somme.

Mes amis me tiraient de la rêverie régulièrement, mais comme c'était pour parler de la dernière soirée du lycée. Je m'en moquais éperdument

Puis je pensais avec effroi que j'avais laissé mon papy Georges tout seul chez lui ! Papy Georges étaient dans l'incapacité de s'occuper lui-même de ses fesses.

Oui, bref il n'était plus autonome.

Je devais le rejoindre vite avant d'avoir une catastrophe sur le dos. Car j'en avais, plus ou moins, la responsabilité officieuse. Sacré papy !

Explications de ce chapitre :

Le héros est ici perdu. En grands écart entre la vie adolescente et la vie adultes comme j'ai pu l'être. Cherchant sa place et son utilité dans la société.

M'appuyer sur l'aide et les conseils d'autrui a pu m'aider. Car le père céleste travaille puissamment en chacun de nous.
Mais, il faut trouver avant tout des ressources personnelles et spirituelles aux obstacles de la vie de chair.
Le passage de Marc 10 :22 donne des conseils avisés, mais peut-être un peu formalistes donc insuffisants. C'est ce qui est dit dans le texte, Jésus invite le riche jeune homme à aller plus loin, se détacher de sa conception légaliste des commandements divins, et de donner sans attendre de recevoir. Se rapprocher de l'attitude du Christ est la base pour tout Chrétien, c'est la valeur 'de tête' d'un croyant : Matthieu 6:33
« Cherchez premièrement le royaume et la justice de Dieu; et toutes ces choses vous seront données par-dessus. »

Je vous invite à prier individuellement autant que collectivement.
Ainsi, vous serez en paix, apaisé et spirituellement comblé pour avancer dans votre existence sur Terre.

Matthieu 18 :22

« Alors Pierre s'approcha de lui, et dit: Seigneur, combien de fois pardonnerai-je à mon frère, lorsqu'il péchera contre moi? Sera-ce jusqu'à sept fois? Jésus lui dit: Je ne te dis pas jusqu'à sept fois, mais jusqu'à septante fois sept fois. »

Chapitre 2 : Chez Papy Georges

« Oui, jusqu'à présent le lycée t'a entre-guillemet mis dans un cocon protecteur. Cocon amical, familiale. Peu de pression de réussite ou de productivité. Droit de se chercher et de chercher son orientation sereinement, il ne faut pas manquer cette opportunité.

Après je trouve que tu t'en fait un peu trop, il est normal par exemple d'envoyer une centaine de candidature pour 3 réponses positives et une dizaine de refus. Quasiment identiques dans la forme : 'Votre candidature comporte de grandes qualités mais nous avons préférés un candidat dont le profil est plus en adéquation, blablabla'. Bref, un peu de charabia cordial pour faire avaler la pilule.

Il faut que tu te renforce et que tu anticipe ce genre de choses mon petit Bastien »

J'aimais beaucoup ce petit surnom, cette marque d'affection entre lui et moi, même s'il me passait un savon en ce moment même.

« Mais ton anxiété est injustifiée, d'accord, tes collègues ne seront pas comme tes amis de lycée. Il faudra reconstituer ton réseau amical à 0. L'argent et la pression hiérarchique va se mettre entre toi et tes collègues de travail, c'est certain

Tu vas avoir des tâches ingrates, qu'on refile au stagiaire pour s'en débarrasser, mais tu verras il n'y a aucune raison pour ne pas lier une amitié sincère. Et en plus, tu vas avoir accès à de l'humour de Daron.

Un exemple ? »

« Non merci, papy Georges, je connais tes 'jokes de papa', je n'en ai pas besoin merci. En plus, elles sont volées sur le web je te connais ! »

Fis-je avec un sourire amusé.

« Tient ! » Fit d'un seul coup papy Georges en se dressant sur sa chaise « Voici une question philosophique pour toi ! »

Je trouvais qu'encore une fois, il se dispersais dans ses souvenirs au lieu de s'occuper de ses fesses. J'entends par là s'occuper de lui-même, accessoirement se doucher... s'habiller convenablement, voir ce qui lui manquait comme courses etc.

« A ton avis, il vaut mieux la sagesse d'une seule vielle personne, ou l'intelligence collective de plusieurs jeunes, qui ont la force de faire bouger les lignes ! l'avenir de notre pays quoi ! »

« Je ne sais pas Georges, tu t'es occupé de savoir ce que tu devais manger ce soir ? » répondis-je

« Au diable ces questions futiles, je te parles philosophie là ! » fit-il visiblement de plus en plus excité, pour mon plus grand malheur.

« Imagine-toi au temps de la Grèce antique, avec toute l'animation de la ville, pleine de dynamisme et de débats à l'acropole » ça y est ! ses yeux brillaient maintenant, il semblait inarrêtable. Le problème c'est qu'il avait enlevé sa protection, qu'elle trainait à terre. Et qu'il se baladait encore nu comme un ver. C'était une sorte de marotte pour lui de s'agiter sans pantalon, heureusement que je m'occupais de lui. J'aurais eu honte que les voisins le retrouve ainsi un jour.

« Essai de prendre exemple ! de passer la seconde et de retrouver ta Niack naturelle. »

« Que vaut-il mieux ? que faut-il-il donc trier et garder entre fougue et inventions de la jeunesse, en pleine disruption. Ou les débris des vielles générations, des systèmes et des principes un peu vieillots et parfois bancales. De la science bien-sûr, répétable et expérimentale, les problématiques chaudes de l'époque, mais aussi de la sociologie, de l'urbanisme. Tu sais tout n'était pas si cloisonné à l'époque.

Et Marx qui posait la question : la quantité, est-ce une qualité ? pour des problématiques plus récentes c'est un questionnement important non ?»

« Sans doute papy » fis-je avec un soupir, en recommandant la même bouffe qu'il avait eu la semaine dernière. Décidément, il me fallait de la patience, et une bonne connaissance de ce drôle d'oiseau, pour m'en occuper correctement.

« Ils essayaient de comprendre le monde autour d'eux, et ils étaient conscient de n'avoir qu'une petite partie, un ersatz de la vérité. Contrairement aux universitaires d'aujourd'hui pleins d'ego !

Tu dois connaitre le mythe de la caverne de Platon, il résume bien les valeurs que doit avoir un jeune homme comme toi, tu ne connais que partiellement le monde qui t'entoure, à toi d'avoir le plus d'initiatives possibles pour ne pas avoir de regrets ensuite.

De toute façon cette société nouvelle fonctionne sur la peur, peur d'être au chômage, de manquer. Crainte que ses employés ne fasse que la moitié du travail quand tu as le dos tourné... c'est ça le néo-libéralisme. Moi ça ne me fais pas peur je suis à la retraite de toute façon, mais toi secoue toi les puces !!! »

Je souriais à nouveau, il était mignon quand il s'y mettait décidément. Bien qu'il n'aurait pas apprécié de m'entendre le qualifier de 'mignon petit papy Georges'

« Après, de toute façon les jeunes ont pour nécessiter de ranger leur égo de côté, montrer une face irréprochable et jouer de l'hypocrisie devant les vieux débris.

Tu sais, il y a une vielle loi de statistique qui s'appelle la 'loi de Student'. Tu sais pourquoi ? parce-que l'étudiant en question ne voulait pas donner son nom par peur des représailles des vieux croutons de la soi-disant 'intelligencia' Universitaire de l'époque. Des vieux en déclins qui n'avaient pas inventer grand-chose depuis longtemps oui.

Mais bon, c'est ça la vie, on avance à vue. Mais ça reste quelque-chose de merveilleux ! »

Je me disais, en finissant la check-list de ses besoins du moment, qu'il était encore plein de culture et de sagesse. Mais bon, contourner les grandes institutions ? Pour quoi faire ? c'était encore une de ses lubies. Il y avait plus à perdre qu'à gagner. Papy avait toujours été un peu punk et anticonformiste. L'armée l'avait sans doute désabusé un peu, ou alors il avait détesté je ne sais pas.

L'autre problème avec papy Georges, je l'avais cerné, était le même qu'avec mon père. Ils étaient certes pleins de bienveillance et de compassion pour moi, et me donnaient beaucoup d'armes pour la vie. Mais, avec toutes la bienveillance qui les caractérisaient, ils n'étaient pas les mieux placés pour m'aider.

J'avais déjà constaté cela, à plusieurs reprises, s'appuyer sur les personnes de votre famille est efficace. Car ceux-ci vous veulent évidement que du bien et du bonheur. Cependant, le manque de neutralité dans le jugement, et le fait d'être en boucle dans un système clos, c'est-à-dire sans intervention externes : ces éléments font que j'étais maintenu dans un cocon protecteur, et que les critiques extérieurs m'atteignais de plein fouet, toujours avec une grande violence.

Oui, si vous voulez résumer, j'étais un sale gosse sur-gaté. Encore que je n'étais pas le pire dans mon groupe d'amis, mais à choisir entre la peste et le choléra, il ne fallait tout de même pas pousser... il n'y aurait jamais d'amélioration si je ne faisais pas un effort sur moi.

Quoique, ce que je vous raconte ici manque de nuance, bien sûr, par exemple : mon père ouvrier me faisait des reproches quelques-fois.

Mon père avait horreur des 'mous du genou' comme il le dit lui-même si bien. Et il ne voulait pas, je cite : « Que je rejoigne les chômeurs et RMIste, et que je m'affale dans le canapé toute la journée ». Car il n'y avait pas plus grande honte à ces yeux.

Vu mon caractère un peu paresseux, la relation était parfois houleuse, voir conflictuelle. Je ne voyais pas le gain à s'agiter, bricoler, faire de la peinture, de la mécanique, de la cuisine... tous les jours de toute la sainte semaine.

Mais, c'était selon lui la voie pour s'autonomiser, et prendre des initiatives au travail et dans la vie.

Outre le fait que je n'estimais pas ne prendre aucune initiative, et que je trouvais dangereux de mélanger travail et loisirs, vous comprenez ma hâte de quitter le cocon familiale.

Mais bon comme on dit, il faut toujours trier le bon du mauvais dans la personnalité et les actes de chacun. Cette vielle chose n'avait pas toujours que des bons conseils.

« Je te laisse papy » lui lançais-je alors qu'il ouvrait des billes toutes rondes, et bavait un peu également.

Je dois décider de mon avenir… »

« Ça m'a fait plaisir de te voir » répondit-il d'un ton enjoué « On se revoit bientôt, prends soins de toi ! »

Oui, promis papy …

Matthieu 18 :22

« Alors Pierre s'approcha de lui, et dit: Seigneur, combien de fois pardonnerai-je à mon frère, lorsqu'il péchera contre moi? Sera-ce jusqu'à sept fois? Jésus lui dit: Je ne te dis pas jusqu'à sept fois, mais jusqu'à septante fois sept fois. »

Chapitre 3 : Chez Annie

Avant de me mettre en action, j'avais besoin de quelques derniers conseils. Je me décidais alors à aller chez mon ex-petite amie : Annie. Elle était une personne douce et empathique, peut-être trop tendre avec moi : comparé aux attentes du monde du travail, et de la vie d'adulte.

Elle était aujourd'hui encore en plein action, elle avait décidé de faire un tiramisu, suivant la recette classique, pour son stage.

Je la dérangeait donc sans doute un peu. Mais étant donné mon désarroi, elle pris un temps pour moi.

Une certaine classe se dégageait d'elle, alors qu'elle rassemblait ses longs cheveux en chignon pour se concentrer. Et me donner les meilleurs conseils possibles.

« Je comprends très bien que, la précarité du monde étudiant, et l'impatience que tu as de 'cotiser' te pousse à aller travailler plus vite » . « Pour beaucoup, le travail est un outil d'émancipation et d'autonomie, et c'est bien normal de penser ainsi. Mais il faut que tu réfléchisse bien avec tous les éléments en ta possession »

Encore une fois elle marquait un point, elle était vive et cultivée, ma gentille Annie.

« C'est un calcul à faire en fait, vois-le de façon pragmatique.

Si tu as de hauts diplômes, tu rattrapera par ton salaire, le temps des études. Mais si tu ne peux plus supporter la frustration de ne pas avoir de salaire, de logement à toi, de pouvoir faire des choix de vie importants. C'est respectable et compréhensible.

Rappel toi quand même qu'il y a une différence notable à être dirigeant ou exécutant. Et que si tu t'arrêtes au bac, il faudra gravir peu à peu les échelons si tu veux devenir décideur.

Quand on m'avait expliqué ça, j'ai trouvé ça un peu généraliste, un peu négatif, mais plutôt vrai, alors je te le partage.

Mais rappel toi que tu as toujours le choix, dans ton travail comme dans tes études, et même tes loisirs, tout au long de ta vie ! Tu es ton meilleur allier pour toi-même.»

Elle mit un temps d'arrêt pour réfléchir, alors qu'elle sortais son meilleur livre de recette du placard, celui qui l'avait suivi depuis sa jeunesse, tout corné et jauni.

« Mais tu sais, à chercher à faire des interviews j'en ai croisé du haut gratin, de l'intelligencia, des enseignants chercheurs, des ingénieurs, des chirurgiens.

Ce qui m'a marqué c'est que, souvent, ces gens-là ne sont pas forcément heureux. »

Elle commençait à rassembler les ingrédients nécessaires, son visage se crispa légèrement alors qu'elle ravivait ses souvenirs.

« A force de plancher comme des forcené sur des sujets très précis, certes ils deviennent comme des encyclopédies vivantes, ils sont passionnants. Mais aussi ils se questionnent énormément sur les limites et les défaut de leur spécialité, leur utilité sociale, ils s'oublient parfois eux-mêmes, oublient de se faire plaisir.

J'en ai vu qui, à force de ne jamais décrocher, sont tombés en dépression. Il faut faire attention tout de même, à ce qui nous fait vraiment vibrer. Au point d'y consacrer 3 ans voir plus, dans le cadre d'une thèse. »

« Tu me demande ce qu'est un adulte ? vaste question ! »

... Annie réfléchi un bon petit moment, mettant en suspend le cassage des œufs, et la séparation des jaunes et des blancs.

« Dans ma vision des choses, le monde des adultes est la version un peu plus hard du lycée, peu de suivi, peu d'encouragement. Des projets qui parfois n'aboutissent jamais ! Un cadre qui t'es moins offert sur un plateau : donc pas d'amis qui se réunissent à horaires réguliers pour faire plus ou moins la même chose, enfin si des collègues, mais avec la pression de productivité ce n'est pas le même ressenti

.Il faut être proactif si on veut se cultiver. Bref, pas facile tout ça. Mais l'obligation d'avancer encore et encore ! »

Tandis qu'elle préparais l'appareil à monter les blancs en neige, je me sentais un peu penaud à l'écouter tandis qu'elle me faisait son long monologue. En même temps je lui avait demandé, et il y avait énormément à dire sur le sujet.

« Je me suis lancé dans le journalisme car j'ai besoin de bousculer mon quotidien, c'est un choix, tu peux toujours en faire d'autre plus routinier si ça te convient mieux. Mais je me trouvais trop passive et Européanocentré, j'avais besoin de ces reportages de terrain et de cette remise en question des acquis perpétuel.

Mon voyage au Japon, par exemple, m'a montré une autre facette que pouvais être la réalité. Tu savais que quelques docteurs français avaient fait une étude dans laquelle ils montraient que les Japonais remplissaient les critères de l'autisme ? Pourtant, je peux t'assurer, avec toute l'expérience que j'en ai eu, qu'ils ne sont pas malheureux dans leur système de valeurs. Tourné plus vers la société et la croissance du pays que vers les individus en gros.

Mais, comparé à nous, les étudiants ont droit à plus d'années d'études financées, ils sont moins brusqués. Et les travailleurs précaires sont peut-être mieux valorisés que dans notre pays. En vérité ce sont les chômeurs et les SDF qui subissent le plus de violence. Quoique je dirai que notre société avec les crises que l'on a traversée, se rapproche de leur modèle. Tu ne trouves pas ? »

« Honnêtement » Répondis-je « Je ne sais pas quoi en penser ! »

Annie se pinça à nouveau les lèvres, elle entrepris donc de monter les blancs en neige pour se donner le temps de la réflexion.

« Tu as l'air à la fois mature et immature, tu te poses beaucoup de questions sur l'intelligence et ça à l'air de te faire souffrir.

Tu sais, l'intelligence n'est pas le seul critère de réussite, il te faut aussi de la maturité. Et parfois il faut aussi agir avec le cœur »

Merci Annie !

« Que veut-tu mettre dans la science que tu as accumulée ? Dans quelle boite veut-tu mettre ton savoir-faire à profit. Tu es puissant encore, ta jeunesse te remplit de possibilités. Ne les gâches pas, tu es dans une phase de ta vie ou tu construis complétement ce que tu veux être. »

Voilà qu'Annie devenais au choix, une philosophe ou une psychologue, en plus de prendre visiblement le rôle de ma mère.

« En plus, l'intelligence n'est pas une notion aussi arrêtée que tu sembles le croire. Nos plus grands chercheurs se crêpent le chignon à ce sujet. Ai le courage de tes ambitions et un peu ! Et de tes opinions. C'est ça en quelque-sortes aussi, la vie d'adulte. »

Voilà qu'elle avait glissé doucement sur le terrain de la politique. Sa classe naturelle lui permettait de se mouvoir en ces eaux troubles sans trop de difficultés. Mais je pensais qu'il faudrait peut-être l'arrêter si on allait dans cette direction sous peine de durer encore longtemps, et de dériver sur l'écologie, le pipi dans la douche, les boomers, le plein emploi, la crise, la covid etc…

Honnêtement, la lecture de certains de ces articles en projet me laissait à penser qu'elle n'avait pas froids aux yeux et n'hésitait pas à se mouiller s'il le fallait.

Mais Annie semblait vraiment, finalement, lancée dans des explications profondes et longues. Elle était craquante, concentrée comme elle était, afin construire un discours vraiment motivant. Quelquefois, elle doutais, ce qui creusait ses trait, et elle pinçait ses lèvres, c'était un spectacle à part entière. Même si je ne lui dirait pas en ce termes pour ne pas la vexer.

« Pour moi, de ce que j'ai pu en comprendre, les japonais, pour re-citer cet exemple, sont juste arqués sur des valeurs et des dogmes anciens et très culturels. Ce qui explique qu'on ait du mal à les comprendre. L'honneur… la famille… Le bien commun. Surtout les familles un peu riches qui portent tellement de responsabilités ! »

Elle me faisait penser à mes cours de sciences, plus particulièrement de mathématiques, et de statistiques avec ses 'dogmes'. Du coup je comprenais l'efficacité et le pragmatisme du peuple Japonais, et aussi pourquoi on voyait comme des 'autistes', ce qui au passage n'est pas très sympathique.

« En fait ils sont dévoués pour les autres souvent plus que pour eux-mêmes. Pour nous occidentaux, c'est border-névrose » Elle eut un sourire, avant de poursuivre « Mais eux ont leur équilibre, leur richesse, qu'ils ne changeraient pour rien au monde. Je les ait trouvé émouvant moi. Et je me suis inspiré de leurs rigueurs et leurs principes ».

« La société est peut-être un peu moins dure qu'avant, mais elle n'est pas simple. Il y a encore pleins de marginaux, d'inadaptés, il suffit de regarder un peu les informations pour le constater »

« Bien plus qu'avant nous ne pouvons compter que sur nos ressources et nos motivations propres, tu vois bien que la société est devenue très individualiste. » elle soupira avant de ressortir la célèbre citation : « Pour Hobbes, l'homme est un loup pour l'homme. En fait, il est aussi le seul capable de détruire son écosystème direct ! »

Aïe, elle était bel et bien lancée !!! sur sa lancé pessimiste, peut-être fallait-il l'arrêter là.

« Le rêve des managers en entreprise, tous secteurs confondu, c'est d'avoir des super-travailleurs. C'était le titre de mon dernier TPE.

Beaucoup de grands patrons cherchent à casser toute solidarité entre travailleurs. Ainsi ils obtiennent des personnes hyper-spécialisées et hyper-focalisées sur leurs tâches très spécifiques, ils sont ainsi rapides et efficaces. Comme quoi, le fordisme a beau être un peu vieux, il a de beaux restes. »

Annie soupirait donc à nouveau, l'air blasé, en rajoutant les ingrédients manquants sur sa todoList. Méthodique et organisée, comme elle l'avait vu faire au Japon, elle rangeait maintenant ses ustensiles par taille et fonction et ne m'adressais plus d'attention, ce qui me fit, tout de même, un petit pincement au cœur, une petite blessure narcissique.

Cette tendance hyperactive et ultra-ritualisé, à la limite de l'obsessionnel, je la partageais avec Annie, j'étais sur sa longueur d'onde. Mais, nous étions tous les deux conscient qu'il fallait être prudent. La créativité n'est bonne que si on la canalise et on la cadre dans un travail ou un thème précis.

Ce n'était pas le cas pour nous, nous nous dispersions trop souvent. D'où la perte d'efficacité et de temps. Il n'est pas nécessaire de tout analyser, de tout contextualiser tout le temps, de tout décrire en détail.

Parfois c'est une force, pour un exercice scientifique et analytique, ou de la statistique par exemple. Parfois c'est un calvaire, car cela demande des grosses ressources mentales et cognitives. Pour faire simple, vous ne pouvez pas tenir ça toute la journée.

Mais ce n'était pas une fatalité, il existe des stratégies pour être plus efficace.

La post-it-o-manie, consiste par exemple à noter ses pensées et processus mentaux. D'une pour se décharger, d'autre part pour prioriser les taches vitales pour soi. En fait, avec le temps, on se rends même vite compte que certains post-it restent inachevés et que ce n'est pas grave, d'où l'intérêt de prioriser pour ce déchargé mentalement de la tâche et aussi pour ajuster le temps passer selon l'importance et la criticité de ce qui est écrit sur le post-it. On appelle parfois cela la méthode 'Pomodoro'. Vous vous mettez un chronomètre. Si la tache mets plus de temps que d'habitude ou un temps anormalement plus long que vous ne pensiez, vous réajuster la prochaine fois.

Bien sûr, je sais ce que vous allez me retorquer, il faut bien utiliser cette méthode, ne pas négliger systématiquement toutes les activités étiquetées 'non essentielles', car si vous vous priver d'activité qui vous font du bien, par exemple, juste marcher dans la nature au pif ; vous allez devenir à terme une personne aigrie et peu fréquentable.

Bref, vous êtes grands, je vous laisse piocher dans mes stratégies et prendre ce qui vous intéresse hein ? on fait comme cela ? Sinon nous n'avancerons pas !

Annie, pour revenir à elle, semblait tout de même heureuse d'avoir finalement terminé son Tiramisu. Elle avait gardé tout son sérieux et sa concentration même affairée à son artisanat.

Moi, je pensais à l'éternel insatisfait de papy Georges, et à la chance d'avoir encore cette amie. Je lui fis un rapide petit bisous sur la joue avant de m'éclipser, ce qui la surprit.

Et j'espère la fis rougir. Même si je ne pouvais pas vraiment le constater.

J'aurais aimé rester plus longtemps, mais il fallait que je mette mes affaires en ordre. Et elle aussi certainement n'avais pas du temps en illimité à m'accorder.

Mais, mon amie, bavarde, avait quelque-chose à ajouter :

« Pour ton problème de discipline » Merci Annie ! « Je vais tester une nouvelle méthode sur toi. Quelque chose que j'ai appris au Japon. »

« D'abord, il faut que tu ranges et ordonnes ton chez-toi. "Une maison ordonnée est l'expression d'un esprit ordonné, si tu n'as pas fait le ménage chez toi, comment veux-tu faire le ménage dans ta vie ? » C'est le départ de ma thérapie d'accord ? »

J'étais toujours un peu dubitatif face aux 'méthodes' d'Annie. Mais, au fond, je ne perdais rien à essayer.

'Les Japonais sont les maîtres en planification, ils font même des réunions pour préparer leurs réunions, ce qui a tendance à nous choquer, nous Européen, c'est le choc culturel.

Mais appliquer à sa vie, c'est un gain de temps et d'énergie considérable, ça devrait te donner un nouvel élan pour ta vie, une nouvelle vision sur toi-même, plus bienveillante. Bref, une base de travail bien différente.'

J'étais plutôt d'accord avec elle là-dessus. Finalement, sa proposition était plutôt concrète et pratique. Je m'en voulais légèrement d'avoir cru à un ultime délire 'hippie' comme j'aimais à les appeler.

'Ensuite, quand ta maison est rangée et ordonnée, assied toi au centre, harmonise tes chakras au maximum' Ah ! il était malgré toute question de chakras.

'Et remémore-toi, au choix, un lieu, un moment. Un instant de vie joyeuse, d'anecdotes et de partage. Un moment où tu étais parfaitement détendu, ces moments qui deviennent un peu rares dans la vie d'adulte.'

Elle joignit la parole aux actes et s'asseyait en tailleur, inspirant et expirant profondément.

Peu à peu, je vis son visage se décrisper, je sentais presque ses muscles se relâcher. C'était un beau moment, un sourire naquit sur son visage, elle semblait parfaitement en paix, en l'espace de 5 min seulement. Je pensais qu'elle avait effectivement plus de discipline que je n'en avais. Peut-être était-ce pour cela qu'elle avait plus vite trouvé sa voie.

Quoique le facteur chance, dans la vie, est important aussi selon moi.

Si j'avais demandé tant de conseil à Annie, finalement, c'est parce-que, en plus d'être mon amie la plus proche. Elle était, à ma connaissance, la personne la plus dynamique et avisée que je pouvais connaitre.

Elle avait fait de brillante études de droits, puis de journalisme politique. Elle en avait tiré beaucoup de cynisme (« Tous des corrompus » selon elle). Mais aussi une Niack incomparable. C'est pourquoi elle montait petit à petit, se faisait connaitre, enchainait les articles les plus chauds, sur des sujets très polémiques. Que je n'aurais même pas osé initier.

Elle était donc une allier fidèle. Je pensais avec sérénité que je pourrais faire appel à elle en toute circonstance.

Cette pensé m'accompagne tandis que je préparais mes affaires, près pour l'école de police…

Explications de ces deux chapitre :

Il est vain de vouloir contrôler les actions et d'attendre de l'assistance des autres. Peut-être vos frères et sœurs chrétiens et votre famille vous apporterons de l'aide dans les moments difficiles, comme le héros le fait pour papy Georges.

Mais, ce qui vous donnera la vrai joie, c'est d'avoir le Christ et DIEU dans le cœur.

Et d'avoir l'attitude de repentance et de pardon. 'Pardonne-nous nos offense comme nous pardonnons aussi, à ceux qui nous ont offensé', dit la parole du 'Notre père'.

Il est nécessaire d'avoir l'esprit d'humilité pour que, en s'appuyant d'abord sur la volonté divine, puis sur votre famille, habité par DIEU et œuvrant comme vous pour lui. Alors des solutions émergeront dans les moments où vous vous y attendez le moins. Peut-être quand vous êtes au fond du trou. DIEU saura mettre les bonnes personnes sur votre chemin.

Pardonner donc vos frères et sœur sept fois septante fois, comme vous vous pardonnez vos propres pêchers. Pour permettre la rédemption du plus grand monde.

Matthieu 5 :1

« Voyant la foule, Jésus monta sur la montagne; et, après qu'il se fut assis, ses disciples s'approchèrent de lui.

Puis, ayant ouvert la bouche, il les enseigna, et dit:

Heureux les pauvres en esprit, car le royaume des cieux est à eux!

Heureux les affligés, car ils seront consolés!

Heureux les débonnaires, car ils hériteront la terre!

Heureux ceux qui ont faim et soif de la justice, car ils seront rassasiés!

Heureux les miséricordieux, car ils obtiendront miséricorde!

Heureux ceux qui ont le cœur pur, car ils verront Dieu!

Heureux ceux qui procurent la paix, car ils seront appelés fils de Dieu!

Heureux ceux qui sont persécutés pour la justice, car le royaume des cieux est à eux!

Heureux serez-vous, lorsqu'on vous outragera, qu'on vous persécutera et qu'on dira faussement de vous toute sorte de mal, à cause de moi. Réjouissez-vous et soyez dans l'allégresse, parce que votre récompense sera grande dans les cieux; car c'est ainsi qu'on a persécuté les prophètes qui ont été avant vous. »

Chapitre 4 :Une partie de Rugby

Comme ce que je racontais mon papy, le recruteur nous promettais ici, du confort matérielle, une stabilité de salaire et une bonne retraite. Il promettait en somme les fondamentaux de la pyramide de Maslow, confort, sécurité, accomplissement de soi.

Il omettais cependant les dangers, les risques et le sacrifice physique que cela impliquait. A dessin bien sûr ! Personne ne s'engagerai sinon !! Mais bon, comme disait ma conseillère, tout travail a ses point négatifs et positifs, il ne faut jamais précipiter une telle décision.

C'est à ce moment-là que s'entama la présélection : une partie de Rugby !

Une partie de rugby était, selon eux, le moyen de tester les candidats sur leurs capacités physiques et leur Niack mentale. Mais aussi je pense un moyen de repérer les têtes brulées, les férus d'adrénaline et du frisson de l'action, qui ne craignent ni la boue ni la sueur, et sont soudés dans l'effort.

C'est aussi une métaphore de la vie que le caporal-chef apprécie. Sur le travail d'équipe, la nécessité de se remettre en question et d'accepter ses erreurs. La nécessité de se trouver une place de spécialiste et d'être une pièce indispensable à son poste.

C'est aussi une manière de voir que tous n'ont pas les mêmes capacités, certains sont plus forts et plus robustes. Certains plus rapides, plus concentrés. Il faut s'appuyer sur les qualités de chacun et les valoriser, comme le ferait un psychologue en somme, ou comme dans une partie de jeux de rôle aussi ! J'aimais bien mes métaphores, peut-être pourrais-je me reconvertir en psychologue finalement.

Entamer une partie de rugby, c'est comme débuter un jeux de société un peu complexe. Les coups et la boue en plus. On ne sait pas où se placer sur le terrain, les habitués vous placent là où il faut, puis vous crient dessus à l'occasion dans la partie, pour vous replacer et faire une belle ligne de défense infranchissable, par exemple.

Puis il y a les premiers plaquages, et les premiers mauls, c'est-à-dire un tas de personne brouillon duquel on cherche à extraire la balle. Les rapides se placent de manière à avoir de l'élan.

Puis la partie dure 30min avant une mi-temps, 30min où les plus hargneux finissent par s'épuiser complétement. Ils sont remplacés vite, avec de la chance.

Mais on ne ressort d'une partie de rugby que couvert de boue, parfois plein d'incompréhension, ceux qui ont le plus de mauvaise foi diront que c'est de toute façon la faute de l'arbitre. La partie fait aussi ressortir les caractères, et forges des amitiés qui se concluent lors de la 3ème mi-temps, mais aussi au fil des matchs. Et à force de grogner et de pousser ensemble, avec le même maillot, le même but, il est sûr que ce vieux sport rapproche ceux qui l'apprécient.

C'est pourquoi, jusqu'au coup de pied en touche final, rien n'est joué, tout est à construire, et c'est pour ça aussi que le caporal-chef adore nous faire passer par là.

Vous vous demandez peut-être quelle fut ma plus belle action de match. Oh, je suis très débutant, ça risquerait de vous décevoir. A un moment, j'ai réussi à rattraper la balle sur un coup de pieds à suivre. Mais pas assez rapide, je me suis fait plaqué et presque mettre en touche.

Heureusement, le soutien est arrivé et nous n'avons pas perdu la balle, cela représentais donc, une avancée.

Sinon, il y a eu une croisée suivi d'un crochet-débordement, qui nous a permis de passer la ligne de défense adverse. Mais je n'ai pas participé à cet essai, je l'ai suivi en courant…

Et il y a eu une défense à 5m de la ligne pour nous, mais heureusement je n'ai pas eu à plaquer à ce moment-là. Sinon, nous aurions pris 5 points.

A oui, si vous n'avez pas compris tout ce que je disais, c'est normal, je n'ai compris personnellement qu'après coup ces règles. Dites-vous juste que le match fut intense en émotions et en rebondissements.

Même si c'est teinté de subjectivité, je comprends ou le caporal veut en venir avec sa métaphore du rugby. Ceux que nous poussons aux fesses en ce moment, qui grognent avec nous dans l'effort, qui nous rappellent à l'ordre si on s'endors un peu trop ou on fait une faute. Ceux-là même seront nos frères d'arme. Avec ordre, méthode et sérieux nous avancerons ensembles. Et comme au rugby, il y aura toujours un temps de prévu pour une bonne soirée et des bières.

Ce n'était d'ailleurs pas encore finis, il manquait le discours de fin de match !

Le caporal-chef nous fit alors son discours… de 30 min, au garde à vous ! dans le froid ! Pieds enfoncés dans la boue, ce qui représentais bien notre situation je trouve.
« Le rugby doit vous enseigner des valeurs »
Il appuya fortement sur ce mot, alors qu'il faisait les 100 pas entre les rangs
« D'abord, en agissant vous allez faire des erreurs. Surtout si vous êtes jeunes. Mais à force de faire les choses, vous allez vous 'charpenter' et en faire bien moins"
« Autre chose, plus votre poste sera charnière, plus on va vous reprocher des petites fautes. Un demi de mêlée n'a pas les mêmes responsabilités qu'un deuxième ligne, par exemple. Mais si vous avez la confiance en vous et l'envie de le faire. Vous en récolterez plus de gratitudes que de reproches, la plupart du temps. » « En plus, vous allez de mieux en mieux comprendre le sens des taches effectuées, et les faires donc avec de plus en plus d'entrain, je vais vous enseignez à ne pas être paresseux ou passif. »
Je pensais à papy Georges et ce qu'il me disais sur l'armée et senti de la nostalgie.

En attendant, nous n'avions pas d'autres choix que de l'écouter soigneusement. Tous en uniforme, en rang, ranger au millimètre près. Cela donnait une ambiance unique et un peu lunaire.
« Encore une autre valeur, il faut faire confiance à ceux qui ont de l'expérience à leur poste. Ils vont vous gueuler dessus parfois, c'est normal, ils ont une meilleure vision et expérience du jeu. Sachez prendre sur vous et vous remettre en question ! »
« Enfin , je dirai que souffrir ensemble renforce les liens d'amitié. Le contact et l'engagement sont rudes, mais les amis que vous allez vous faire ici le seront à vie. En tout cas c'est rarement l'inverse. Si vous vous faites confiance, vous avancerez ensemble vers le même objectif ! Qu'importe les imprévus et les blessures. »
Cette conclusion tombait assez bien, alors que nous nous remettions des douleurs et des chocs des plaquages à répétition.

« Je vous laisse sur ces mots, pas la peine de faire trop long. Amusez-vous, apprenez. Et soyez fiers de ces valeurs ! ».

En résumé, ce caporal, en uniforme bleu tiré à 4 épingle nous avait finalement fait passer un message fort : notre diplôme, notre origine sociale et culturelle : tout ceci n'avait aucune espèce d'importance. Seul le professionnalisme, la ponctualité et l'intégrité ainsi que l'esprit de collaboration allaient faire la vraie différence.
A oui, et il allait falloir se remettre en question en permanence, les instructeurs n'hésiteraient pas à nous 'froisser' comme ils le disent si bien, et il faudra faire preuve d'humilité et de résilience. Beaucoup de chose à assimiler en une seule journée, mon esprit n'arrivait pas à tout suivre.

Nous rompîmes les rangs, et allions à la douche, nous remettre de ce sacré match. Conscient que tout ceci n'était que le début de l'aventure.

Réunion post-match

« La partie de rugby les a départagés sur le plan physique et motivationnel, maintenant, je vous propose ceci pour conclure. Qu'est-ce que vous en pensez ? » Demanda alors l'inspectrice Kamilah à ses équipes.

Un silence suivi cette question, les différents gradés présents dans cette pièce avaient tous une approche différente de l'enseignement. Certain était plutôt paternalistes, voulaient la réussite des jeunes, comptais sur l'effet Pygmalion donc faisait confiance.

D'autres étaient bien plus exigeants, désireux de conserver une excellence à toute épreuve dans leurs services respectifs, ils avaient des critères que seul 60% à peu près des candidats pouvaient réussir. Et encore, 60% c'était à la hausse, parce-que leurs supérieurs leurs avait signifié que la police manquait de personnel jeune.

C'est pourquoi ils avaient tant de mal à se mettre d'accord. Bienveillance ? Laxisme ? Coaching ? Ou était la limite du laisser-faire dans le job de formateur ?

Le caporal-chef repris la parole :

« Laissons-leur le cas Walter, et voyons ce que cela donne, cet homme représente la quintessence de l'homme d'affaire corrompu, dans la toute-puissance, a qui tout réussi mais qui veut toujours plus !

Walter ne se satisfait plus de rien, il ne pense plus qu'à venger son fils. »

Un rictus de désapprobation et de colère traversa le visage du caporal.

« Pourtant, son fils est un rat, un irresponsable, il s'est mis en danger par sa propre faute uniquement. Personne autours de lui n'est à mettre en cause sur cet accident.

Et pourtant, Walter persiste dans ses activités de recherche, il cherche même à cloner son fils de ce que je pu entendre des rapports précédents. Il reste très égoïste et orgueilleux dans ses prises de décisions, c'est un vrai casse-tête et un problème certain.»

Un long murmure animé traversa la salle de conférence, des désaccords et des soupirs traversèrent la salle. L'inspectrice pris un temps pour écouter tout le monde, et synthétisa.

« Le cas est complexe, et peut-être un brin dangereux pour des petits jeune sans expérience. Nous ne les feront pas intervenir, mais, il peut être intéressant de voir ce que, à l'écrit, ils arrivent à conclure. »

Cette fois, il y eu moins de désapprobation. Un vote conclu le débat, et le sujet fu mis en place.

« Avec ce cas, j'ai hâte de voir ce qu'il va sortir de la tête de nos recrues ! » Fit un des chefs autours de la table. Les autres acquiescèrent convaincu, d'autres firent de l'humour noir sur le pourcentage de perte autorisé dans la loi, ce qui fit rirent jaunes de certains et tira une moue désapprobatrice d'autres.

La foule se dispersa peu à peu, certain restèrent autour du buffet prévu à cet événement majeur.

L'inspectrice se mordit les lèvres, soudain plus très certaine de la manœuvre. Mais il était trop tard pour faire marche arrière.

« Ils faut que ces bleus comprennent que, une arrestation, c'est comme une pâte à crêpe, dans la méthode . » pensa elle. « Il faut bien préparer les ingrédients et les ustensiles, c'est la phase de montage du projet. Puis être consciencieux dans la confection, les détails viennent au fur et à mesure que l'on comprends le métier, donc que l'on pratique, comme pour les crêpes, c'est de mieux en mieux avec le temps. Enfin, il faut bien ranger derrière soi, pour faciliter le travail de l'équipe suivante et ne rien oublier, mais c'est aussi la phase d'auto-critique, la phase que je préfère. Comme lorsque l'on fait gouter ses crêpes aux invités.»

Elle était satisfaite de sa métaphore, et la nota dans un coin, prête à la ressortir.

La période de formation pouvait débuter.

Grandes attentes, grandes ambitions

L'inspectrice avait une grande expérience des sélections. Ce genre d'évaluations de rentrée sentait bon le renouveau, et elle comptais bien conserver le prestige de sa caserne. Dont elle était en partie responsable.

Ses observations, elle les voulait le plus neutre et objectives possibles. Basées sur les test sportifs, les entretiens de recrutement et les questionnaires psychologiques.
Elle pourrait ainsi accumuler le plus de renseignements possibles sur les bleus, et trancher rapidement, écarter ceux qui n'auraient pas le mental ou les valeurs attendues.
Contrairement aux vieux loups qui intellectualisaient en permanence, et prévoyaient jusqu'au petits détails les imprévus possibles d'une opération; ce qui les transformaient parfois en gratte-papier il faut bien le dire; Les jeunes apportaient un nouvel œil, plus dans l'émotionnel. Enfin, ça, c'est la théorie, ce sont de grandes généralités que lui dictaient son intuition. Mais elle savait d'expérience que parfois, des profils un peu extraordinaires se manifestaient lors de ces entretiens.
Elle était, en générale, excitée à l'idée d'être agréablement surprise, comme toute les années.
Elle voulait absolument de l'initiative, du sang neuf, dans les procédures.
Peut-être était-ce rêver debout mais l'espoir fait vivre dit-on.

En tout cas, elle savait le bagage professionnel de base, nécessaire au bon fonctionnement des unités d'intervention : Discipline, ordre, rigueur, écoute et travail en équipe, remise en question perpétuelle. Dépassement de soi, par les projets et par le sport.
Pour l'évaluation, elle avait fait moins abstrait, 1/3 de part cœur, pour voir si les jeunes notaient et retenaient. Le test du Vakog et les test de mémoire l'aiderait aussi à mesurer ces aptitudes.

Le test du Vakog est simple, prenez trois articles de journaux, peu-importe les sujets pourvu qu'ils fourmillent d'informations et de détails et soient de même taille. Puis, vous tester sur vous les trois canaux d'apprentissage principaux : quelqu'un vous lit l'article, en soignant l'intonation, puis vous lisez le suivant vous-même avec le plus d'attention dont vous êtes capable, puis enfin vous réécrivez et schématisé ce que vous avez appris dans le dernier.
L'article sur lequel vous restituez le plus de détail et de concepts charnières vous indique votre canal d'apprentissage le plus efficace : dans l'ordre, ce peut être : auditif ou visuel ou kinesthésique (qui passe par l'action). Une fois votre canal d'apprentissage le plus efficace

identifié, vous avez tous les outils nécessaires à assimiler par cœur des leçon cruciales. Après, l'expérience du terrain vous fournit les explications et derniers réglages qu'il vous manque, c'est pourquoi la pratique est d'une importance égale à la pratique.

En bref, l'inspectrice demandais à ses recrues une chose simple et à la fois tellement complexe : être adulte, être éthique, être responsable !
Avoir accès aux connaissances de la formation vous donne du pouvoir, mais également les responsabilités qui vont avec.

Le secret professionnel déjà, mais pas que. L'obligation d'avoir du recul sur ce que vous voyez, de sentir quand vous sortez de vos compétences et capacités d'agir, il faut savoir en référer à sa hiérarchie au bon moment . Prioriser et organiser sa pensée est indispensable dans votre branche. Forcer vous, exercez-vous au quotidien si ce n'est pas le cas aujourd'hui !
Vous allez être, dans tous vos projets, confronté au triptyque : Personnel, temps, argent. Ce qui revient un peu au même en fait.

Le formateur caressa sa moustache, et chercha d'un regard l'approbation rapide de son compère.

Vous allez partager des dilemmes moraux similaires aux soignants par exemples, ou aux politiques, sans rentrer dans des débats houleux (cette pensée lui provoqua un rictus involontaire et discret)
Ces milieux vont à cent à l'heure, avec à la clef des actes lourds de conséquences, humains et matériels.

Posez-vous donc dès maintenant la question de votre estime et confiance en vous même. Et sachez quel chef, ou manager si vous préférez, que vous voulez être. Directif ? Autoritaire ? Ou responsabilisant ? Dans un rôle de conseil.

Il nous fit alors un sourire destiné à nous rassurer
Et ajouta :

Mais même à nos âges et avec notre expérience, on n'est pas toujours extrêmement au point nous-même.

Et son collègues, jusque-là très discret, acquiesça franchement.

Explications de ce chapitre :

Les recruteurs et les gens du monde vont chercher vos faiblesses plus que vos forces, et plus vous allez grandir et gagner en compétence, plus l'on va vous donner de responsabilité.

Il ne faut donc pas oublier votre cœur de petit enfant, lorsque vous priez. Il est important d'avoir le cœur renouvelé et naïf, et d'avoir toutes les qualités (qui n'en paraissent pas de premier abord, mais qui sont bel et bien des qualités devant DIEU) énoncé par le Christ dans Matthieu 5 :1

Avec ce cœur d'enfant naïf et ayant soif de parole, vous triompherez des obstacles, épreuves, tests, recrutements divers. Vous triompherez aussi des attaques du diable, et aurez la soif de prier et d'aller toujours et sans relâche vers la parole de l'Evangile.

Vous triompherez des pêchers principaux : la soif de mondanité : la paresse donc, la colère, la vanité, la luxure, l'envie : jalousie des compétences de vos collègues par exemple, l'avarice ou matérialisme (l'envie de vivre ou travailler au-dessus de vos moyens). Les 7 pêchers principaux cités ici ne sont les plus préjudiciables, mais tout ce qui peut vous éloigner de la parole donc de la volonté divine est un problème en soi. Priez et ayez le cœur de petit enfant humble.

Matthieu 13 : 31

« Il leur proposa une autre parabole: «Le royaume des cieux ressemble à une graine de moutarde qu'un homme a prise et semée dans son champ. C'est la plus petite de toutes les semences, mais quand elle a poussé, elle est plus grande que les légumes et devient un arbre, de sorte que les oiseaux du ciel viennent habiter dans ses branches.»

Il leur dit cette autre parabole: «Le royaume des cieux ressemble à du levain qu'une femme a pris et mis dans trois mesures de farine pour faire lever toute la pâte.»

Jésus dit toutes ces choses en paraboles à la foule, et il ne lui parlait pas sans parabole afin que s'accomplisse ce que le prophète avait annoncé: J'ouvrirai ma bouche pour parler en paraboles, je proclamerai des choses cachées depuis la création ».

Chapitre 5 : Enseignements Obligatoires

Un peu comme une partie échec, la formation demandais énormément de concentration (on aurait entendu une mouche voler), les formateurs exigeaient de nous une expertise impressionnante de rapidité et fluidité. Ils avaient commencé par nous introduire les notions élémentaires, comme la différence entre une arnaque, un délit, une exaction etc. Et ils nous demandaient maintenant de réfléchir sur des archives de dossier. En nous demandant comment nous aurions réagis, et ce que nous aurions mis en place dans telle ou telle situation !

Ces fameux formateurs étaient deux, un gros moustachu et un petit maigre à l'air tout le temps fatigué. L'habit ne fait pas le moine.

Ils n'avaient même pas donné leur nom, et insistaient régulièrement sur l'excellence qu'ils voulaient nous transmettre et les taux de réussites très bon de leur école. Ils insistaient aussi sur la chance que nous avions, à la caserne, de tout avoir à proximité, toutes les commodités, et des espaces de détentes et de loisirs comme le baby-foot ou la table de ping-pong. Tant de martelage me mettait la puce à l'oreille, je restais persuadé qu'un loup se cachait dans ces descriptions idylliques. Ou étaient les 'contres' ?

Mais, si loin dans la démarche, était-il pertinent de reculer maintenant ?

Pour l'instant, comme les élèves au complet ne maitrisaient pas leur sujet, nous devinions en filigrane et on comprends que c'est fini seulement lorsque le formateur nous dit au-revoir. Avec un sentiment d'avoir manqué des notions... en espérant qu'elle ne sont pas importantes, ou que le terrain nous les apprendra. Est-ce ça la vie d'adulte ? Apprendre machinalement des notions un peu vagues, en espérant qu'elles nous servent un jour ? Apprendre des méthodes linéaires en sachant que dans le feu de l'action on ne pourra en appliquer que le tiers ? Oui, j'imagine que c'est la vie d'adulte. J'imagine que tout le monde passe par cette étape, bien que je ne me la figurais pas comme cela. Aucun philosophe ne m'avais préparé à cela en fait, le lycée ne serais donc pas suffisant ?

La vie d'adulte était donc pleine de surprises ! bonnes et mauvaises.

Bon, au moins, une telle expertise voulais dire une patte et des méthodes novatrices, voyons le bon côté des choses !

Ah, vous voulez peut-être savoir en quoi consiste le travail d'inspecteur !

Globalement, beaucoup d'Administratif et de Juridique, Les bleus comme nous reçoivent des dossiers informatiques factices. On doit essayer de retracer une raison au crime ou au délit, souvent passionnelle ou financière à vrai dire. A force, on nous dit qu'on finira comme des Michael Angelo du 'casus operandi'. Mais bon, peut-être qu'on essaie de nous rassurer.

Après il faut essayer de dégager une hypothèse principale, et la confronter à la réalité. Interroger… déduire… Conclure… Poisser, parfois se tromper, manque de temps ou de personnel. C'est tout une gymnastique de l'esprit.

Un autre point étonnant, ils nous disent beaucoup de déconnecter après le travail. De se trouver un hobbies autre et de prendre du temps pour soi. Est-ce de la démagogie ? Voulaient ils qu'on soient ainsi plus performants au travail… Oui c'est possible.

Je me suis rendu compte d'une chose en tout cas pendant cette formation, l'école nous habitue à plusieurs choses, pas forcément toujours parfaitement saines. D'abord, de donner la bonne réponse, vite et du premiers coup. Ce qui n'est pas naturel ni vrai dans la vie active. C'est pourquoi dans la police, on travail en équipe. Pour partager la responsabilité des petites erreurs et avancer synergiquement. Les points de vue se confrontent et font des étincelles, même à l'école, entre les conservateur et disrupteurs, les court termistes et long termiste, les hommes de terrain et les réflexifs, de bureau. Les économes, les dépensiers et les investisseurs. Tant qu'un consensus jugé parfait par le groupe est trouvé, il est juste temps d'agir, et de recueillir après coup le feed-back, c'est une manière d'agir optimale sans léser les membres du groupe.

En tout cas ce que la caserne remets à plat, c'est de se lever à 6h du matin, manger et déconner en groupe, se forcer à prendre du temps pour soi en fin de soirée. Ça aussi, l'école est là pour nous l'imprimer : un rythme productif et en phase avec la société, on obtient rien sans rien, inutile de vouloir le beurre et l'argent du beurre.

Je comprenais aussi mieux les privés. Ma vision des choses à évolué. Ce ne sont pas forcément les meilleurs éléments, mais ceux dont le caractère est plus solitaire. Qui n'aimes pas l'idée d'avoir un chef ou qui ne trouvent plus de bénéfice aux groupes. Ceux-là gagnent une conscience peut-être plus grandes que tout acte a une conséquence directe, et doivent gérer eux-mêmes leur administratif et leurs finances. C'est pourquoi, au cours de ces enseignement, je fantasmais moins la profession, était-ce un signe de maturité ou de paresse d'esprit ? Je ne saurais dire avec précision.

J'espérais de tout mon cœur arriver au niveau voulu : de pratique et de concentration. Puis se frotter au terrain, avec ses joies, ses peines. Ses victoires et ses défaites. Pour finir serein comme mon papy, heureux d'avoir au moins partiellement réussi sa vie. Vous me trouvez encore négatif ? Je trouve que j'ai la bonne dose de cynisme pour progresser dans ce monde complexe.

Comme l'avais dit Georges Orwell, l'âne cynique et sage avait raison sur les autres animaux… dans 'la ferme des animaux', vous avez la référence ?

Oui je sais, Orwell critiquait surtout le Stalinisme et était désabusé du communisme. Comme quoi, le capitalisme a encore de beaux jours devant lui.

Je m'écarte du sujet initial ? Oui, pardon je vous replonge dans ma formation.

Contraste au passage avec la brutalité et l'engagement physique du recrutement

Oui ils nous mettaient régulièrement des coups de pressions : si vous voulez prendre la porte, libre à vous, vous pourrez retourner à la fac avec les taux de réussites de 60% ou chercher un travail dans un marché saturé ! Je comprenais, un peu brutalement, ce qu'Annie entendait par « stress positifs » et sur la nécessité des deadlines pour un projet.

Annie disait aussi la même chose que les formateurs : tester ses connaissances sur le terrain est bien plus efficace que 'bachoter' ou autrement dit réviser intensément sur une courte période.

Car il est plus facile de retenir lorsqu'on est confronté au cas concret. Et mis en échec au moins une fois.

Ils essayaient, aussi, en fait de nous froisser pour voir si on tenais bien le stress. Ce n'étais clairement pas mon cas et j'avais vraiment besoin d'aller souffler dehors !

« Nous, ça va pas nous déranger, des milliers de jeunes sont prêts à se battre bec et ongles pour avoir votre place. On va pas avoir de mal à vous remplacer (humilité et remise en question permanente obligatoire dans ce métier » qu'ils disaient aussi. Était-ce une façon de retenir que le meilleurs éléments ? Sans doute, je suis trop bleu pour vous dire.

« Bien… ça c'est un problème de vraie vie, contrairement à la théorie, les problèmes de bébé qu'on vous mets en face des yeux. »

J'étais un peu vexé à nouveau par cette remarque, j'espérais que mon bon égo était ici touché. Mais bon, pouvais-je me passer des institutions et leurs remarques ? C'était sans doute une bonne question de philosophie ça. L'homme peut-il se passer de la société et des institutions publiques. Vous avez 4 heures !

Les formateurs nous contemplèrent un instant. Je pense qu'il avaient face à eux une marée de jeunes fatigué, accrochés avec force et courage à la perspective qu'on leur avait vendue. Soit cette vision les encourageaient, soit elle les dépitait. Mais bon, ça leur appartient non ?

Et Paris ne s'est pas fait en 1 jour, il n'avait pas d'autre choix que d'accepter nos erreurs de débutants, et de baisser leurs exigences de concours. Non ? je cherche à me rassurer ? Sans doute.

« Bien, nous vous laissons avec la théorie chaude pour le moment. Nous allons enchainer sur quelque-chose de plus sympathique, de la psycho-sociologie ! »

La moitié de la salle se mit à râler, une autre bonne partie des participants se désintéressa tout simplement. Et oui, ils voulaient surtout de l'action, ce genre de théorie les gonflaient.

« Nous allons vous parler d' « **Assertivité** » » dit le petit maigre en écrivant au tableau ce mot encore inconnu .

« Dans les forces de l'ordre, il est important de savoir dire Non ! »

« Il est important de repérer les personnes dites 'toxiques' » ajouta le petit

« Il y a des personnes, collègues comme suspect, qui sont des 'empêcheurs de tourner en rond' si je peux me permettre. Par exemple, le pervers narcissique, apprenez à le canaliser. Globalement, ce sont des personnes autoritaires, qui n'ont pas eu d'amour durant leur enfance, intolérantes à la frustrations. Et ce n'est qu'une partie infime de ce qui existe, ce que je vous décrit ici. Apprenez à les mettre au frigo, sinon vous et votre équipe n'avancerez pas ! »

« Être un bon amis par exemple, c'est poussé et valoriser l'autre dans ses qualités non ? Se mettre à son rythme ? Le pousser à devenir meilleur. Il n'est pas question de confondre sympathie et empathie, vous êtes d'accord avec ça ? »

« Et surtout souvenez-vous ! il vaut mieux trop de preuves que pas assez, de vieux briscard comme nous, on peut poisser quelqu'un avec trois fois rien si on est certain de sa culpabilité.

Mais vous : vous devez jouer aux parfaits flics, tant au niveau de l'apparence, que de l'attitude, que du professionnalisme.

Vous utilisez les méthodes les plus fiables, c'est pas forcément le moment d'innover tout de suite. Attendez d'être gradé et sur de vous pour ça, et d'avoir du temps aussi !

Et commencez pas à vous compromettre en donnant votre identité, ou en suivant des pistes suspectes et en vous faisant pincé. Sinon c'est 0 pointé et retour à la case départ ! Je me fait bien comprendre ? ».

Le petit formateur maitrisais plus que tous les petits silences appuyés, il nous regarda tous dans le blanc des yeux pendant bien 2 minutes avant de poursuivre :

« Vous devez être à 300 %

Tant que vous êtes jeune, vous n'avez pas de réseau ni de vrais compétences. Il faut que vous notiez tout ce qu'on te fait comme remarque.
Vous trierez la lie de la boisson Plus tard.
Vous êtes dans un âge ou vous pouvez encore vous construire entièrement.
Trop jeune pour vous raidir sur des principes ou des tâches spécifiques. Exploitez votre jeunesse bon sang ! Sinon mon collègue et moi ne servons à rien !

Allez, filez voir vos camarades. Vous devez aussi décompenser du stress. C'est important ».

Un exemple de décompensation, fit-il avec un sourire : imaginez la reconversion pro des malfrats, dans le commerce ou la santé, entre collègues de bureau. Les images sont grotesques, et nous pourrons rire à gorge déployée ensemble. Capiche ?

Il repris son sérieux avant de poursuivre, son cours dense et complet.

« Même les éléments qui vous semblent insignifiants pourront se révéler cruciaux plus tard (par exemple, un second homme de main qui a un sandwich de la station essence d'à côté, pourrait vous révélez le point de chute d'un trafic important). Qui peut le plus peut le moins, alors notez tout et priorisez après. Et tracez tout ce que vous faites bon sang ! sinon un collègue pourrait vous regardez droits dans les yeux et vous assurez que vous n'avez rien foutu avec toute la mauvaise foi du monde. Ça arrive plus souvent que vous ne croyez.
Faites des MindMap ou des cartes déductives comme à l'ancienne, ça vous servira ou ira à la poubelle... peu importe, tant que vous avez des éléments à apporter à votre chef !

Et rappelez-vous, une chose importante, les exactions sont contre-nature. Il y a forcément de la passion ou de l'argent, ou du pouvoir derrière. C'est à vous de trouver le point de départ, la raison derrière. Là vous trouverez votre utilité au sein de votre unité !

Si je devais résumer les grandes lignes de l'enseignement au sein de la police , ce serait : « Toujours ouvrir le dialogue, ne pas rentrer dans le cercle de l'agressivité duquel vous risquer de ne jamais ressortir »

« Ne pas confondre l'empathie : la capacité à deviner ce qui a conduit votre interlocuteur à penser ou agir d'une manière particulière, avec la sympathie : la capacité à vivre les émotion de l'autre avec la même intensité, au même moment, pour des enjeux qui ne nous appartienne pas.

La sympathie est plus qu'inutile dans la police. L'empathie elle est une source d'informations inépuisable. »

« Prioriser, partir de la méthodes d'investigation classique, la mener au bout, ne rentrer dans les détails qu'après les informations essentielles dégagées.

Le temps est votre allier comme votre ennemi. En règle générale, vous allez manquer de temps, et n'oubliez jamais que vous rendrez systématiquement un rapport, et que s'il est léger, vous allez vous faire 'labourer' (et encore, je reste poli) »

« Ne rentrer pas dans des débats politiques, vous n'en sortirez jamais et ce sera improductif » Ce conseil était presque plus une blague des formateurs, mais restais plutôt pertinent.

« Remettez-vous en question vous-même, systématiquement. Bien entendu, l'environnement et les pressions extérieures sont une source d'interférence. Mais, si vous n'avez pas de poids dessus, vous allez perdre du temps et de l'énergie à vous acharner. On appelle cela se battre contre des moulins à vents, référence à Don Quichotte ! et croyez-moi, d'expérience, cela vous mènera au Burn-out.

Tandis que votre auto-critique, vous avez du poids dessus, c'est vous qui êtes en contrôle. Ce sera donc très porteur, au contraire de se plaindre sur les causes externes. »

« Ayez confiance en vos partenaires et en l'intelligence collectives, ce sont vos collègues, ils sont aussi compétents que vous, ils penserons à des éléments que vous n'aurez même pas imaginés.

Ah oui ! et après une phase d'investigation intenses, ou vous vous êtes enfermés dans votre '*flow*' personnel de productivité maximale, à votre heure, avec vos outils : musique, ordinateur, outils papier crayon etc. Vous allez vous sentir éreinté.

Dans ces moments de productivité minimale, il convient de vous ressourcer : une bonne douche, une bonne sieste, un peu de sport, de la popotte, ou que sait-je de votre hobbies favori ! Faites une activité que vous savez par cœur et qui vous donne du plaisir.

En bref, soyez 'assertif' : ce mot revenait souvent dans leur bouche, il le marquaient même sur le tableau de temps à autre. C'est-à-dire, ne trahissez pas votre moi profonds. Si les 37h de travail sont bouclés, que les papiers sont rangés et ne trainent pas n'importe où n'importe comment sur votre table de travail ! attention au secret professionnel !

Alors vous n'avez aucune raison de vous abimer l'esprit à ruminer sans cesse les même choses. Faites-vous une bolognese party ! Une soirée jeux-vidéos jeux de société ! une soirée pizza jeux de rôle ! je ne sais pas, je ne suis pas vous… assertivité !

Vous connaissez vos diversions quotidiennes, votre yoga mental, vos madeleine de Proust, mieux que quiqu'onques autre sur cette planète. Même les professionnels du diagnostique de santé mental ne pourront jamais vous connaitre aussi bien que vous ne vous connaissez.

« Une dernière chose » dit son collègue, reprenant la parole, car ayant visiblement eu un éclair De lucidité
« N'oubliez pas que nous sommes en France. Quoique vous fassiez, les autres vont critiquer vos méthodes et contester toute forme d'autorité s'il n'y a pas un semblant de pédagogie dans vos propos. Je suis pour dire qu'il faut agir et non pas parlé en permanence. Mais si vous imposez sans expliquer, vous allez avoir des surprises !
Ayez ça en tête »
Il semblait parler avec expérience… Car il fouillait visiblement dans sa mémoire.
« Rien que baliser un scène de crime en fait, les gens vont être souler de ne pas pouvoir prendre leur chemin habituel… soyez diplomates, même si je suis d'accord avec vous pour dire qu'il y a autre chose à penser dans ce genre de situation que le badaud en colère. »

La pause midi

Il y avait beaucoup de monde, à la cafeteria. Trop de monde pour moi, je souffrais quelques peu d'agoraphobie. Je décidais alors de m'installer à côté d'un jeune mince aux traits fins. Il avait les cheveux comme de la paille et semblait jeter des coups d'œil un peu dans tous les sens.
"Moi c'est Bastien",
Lui dis-je mal assuré, persuadé que la première approche avec quelqu'un était forcément source de malaise.
"Enchanté", répondit-il
"Moi, c'est Léo, de la caféine coule dans mes veines et je n'ai aucune confiance dans les chefs, ce sont de vieux croulants psychorigides. Mais je fais bien mon taf alors les gens me laissent tranquille"
Je sentais instantanément que nous allions bien nous entendre !

Léo était comme moi, un jeune, étudiant et demandeur d'emploi, souffrant de "caféinisme".
Il avait les qualités de ses défauts : hyper réactif, hyper productif. On pouvait compter réellement sur son soutien et sa bienveillance. Il compressais le temps et arrivais à penser à tout, une incarnation de l'intelligence hypersensible à mes yeux.
Mais au-delà d'être un tête il avait aussi des qualités humaines. Il savais s'adapter à son interlocuteur, ses croyances ses valeurs, et avait toujours la bonne attitude et bonne réaction au bon moment. Derrière lui, je faisais pâle figure.
Faux calme, il était en fait très dynamique. Je me figurais qu'il allait rester mon partenaire pour un bon moment.

Avant sa reconversion, il était garçon de café. C'est pourquoi il avait pris l'habitude, sans doute très mauvaise pour son organisme, de boire beaucoup de café. Cette habitude lui donnait encore plus l'air d'un hibou hyperactif, mais c'était là sa chronobiologie, et il n'en aurait changé pour rien au monde.
Car sur ce rythme, il se disait capable de noircir des pages et des pages de cahier, et résoudre 3 affaires en même temps. Un sacré phénomène de foire je vous assure.

Je pensais tout de même que j'avais parfois de la curiosité mal placé à son égard, comme s'il était un animal de foire. Et honteux, je le laissais un peu respirer. Mais il n'avait pas l'air de m'en tenir rigueur, visiblement absorbé par son propre monde.

Il était aussi amusant, comme avec Annie, de le lancer sur les sujets de philosophie du lycée. Il s'animait avec amusement.

« Je me souviens des fondamentaux oui, Marx et le paradoxe du travail et de l'émancipation. Avec Hans Jonas, qui ajoutais qu'il faut rester maitre de la technique et pas l'inverse.
On le voit bien, de nos jours, vu comme on est rivé sur nos écrans à propos de tout. Comme si ça allait résoudre nos problèmes, de regarder des logiciels toute la journée, et de calculer des statistiques. »
Il réfléchissait à toute allure.
« Mais bon, le temps libre n'est pas forcément toujours la motivation de tous, il faut tenir compte de toutes les contraintes qu'un homme peut rencontrer dans sa vie. »
« Toi, par exemple, tu m'a parlé de ton projet de te lancer en privé. Est-ce que tu es sûr de pouvoir être ton propre patron ? Tu sauras faire la différence entre sagesse d'action et sagesse de contemplation ? Et prendre conscience qu'il faut se mouiller pour être critiquable. »
Il laissa un moment de suspension.
« Comme Herbert Spencer disait, tu fais partie actuellement du bras armé de l'exécutif, le système nerveux central, la politique.
Tu pourrais aussi être agriculteur ou industriel, tu ferais parti du système digestif. Tu pourrais être un commercial et faire partie du système de circulation. »

C'était de beaux restes, qu'avait Léo. Et j'aimais bien sa métaphore, sur la société et l'utilité sociale.

Un autre larron s'était greffé à notre table : Bob. Bob était mon antithèse, mon moi négatif presque parfaitement.

Bob n'intellectualisait pas, Bob agissait avec le cœur, en toute circonstance. Il avait eu des notes extrêmement hautes à l'issue des tests d'efforts, et du match de rugby.

Il avait des capacités et de réflexes largement au-dessus de notre moyenne à nous, pauvres mortels subissant les lois de la biologie et la physique. Lui semblait ignorer ces lois. Et en prime, le caporal-chef pouvait lui hurler dessus sur bien des practices : même les plus hard : pont de corde, barres de traction, rampe dans la boue . Il était bon pâte et se remettais en question. Il ne rendait les cris qu'en de rares occasions ou il ne comprenait pas les griefs qui lui étaient adressés. Son attitude et son abnégation m'impressionnaient, peut-être était-ce cela, la clé du bonheur que je recherchais tant.

En tout cas, il m'inspirait, je trouvais en lui des qualités que j'aurais aimé pouvoir inscrire sur mon CV, sans que cela dissone lors de l'entretien et des premières taches. Je suis obsessionnel vous trouvez ? Oui c'est possible, je m'excuse cher lecteur.

Il avait des réflexions qui me laissaient parfois sans voix.

Par exemple, quand je m'étais plaint du syndrome de l'essuie-glace, une douleur sur le côté du genou : comme si quelqu'un tapait au marteau directement sur mes ligaments.

Il m'avait conseillé, le plus naturellement du monde, d'aller voir une infirmière si la douleur me gênait dans ma vie de tous les jours. Mais que la douleur était normale dans le sport !

Léo, pour sa part, m'avait conseillé de : Je le cite :

« Mettre du chaud et de prendre du repos. Et de « strapper » mon genou. C'est-à-dire bloquer l'extension maximale et immobiliser, de même, la bandelette ilio-tibiale, pour l'empêcher de frotter trop régulièrement contre la bourse séreuse et donc de s'enflammer. »

Comme quoi, Léo me faisait plus penser à un médecin, ou un infirmier. Ou alors il écoutait particulièrement bien les rugbymen et les sportifs autour de lui. Un peu des deux, je pense.

Je trouvais en tout cas, notre groupe hétérogène et complémentaire. J'étais fier d'avoir réussi à fédérer des personnalités si différentes ensemble. Nous formions un groupe de travail diablement efficace.

J'étais moins anxieux à propos de mon avenir, et j'avais moins de cauchemars dans lesquels je finissais à la rue, sans sou ni avenir.

Je me lançais à citer à mes nouveaux amis des phrases qui m'aidaient au quotidien.

« 'L'ignorance est sans doute l'une des pires souffrances', c'est une citation d'un rappeur, Orelsan, tout ça pour vous dire que je suis heureux de vous avoir trouvé et de former un groupe qui s'écoute et s'entraide ».

Ce genre de discours s'accompagne au choix de silence de malaise ou d'applaudissements en général. En ce moment, je récoltais des sentiments mitigés.

Je trouvais que cette citation, résumait bien le pourquoi je me sentais mieux, plus en hauteur dans la pyramide de Maslow, en train d'enfin me réaliser.

« Vous n'aimez pas les citations de rappeurs issue d'un contributeur anonyme ?

Alors prenez celles-ci à la place :

'Combattre l'ignorance, c'est aussi combattre la souffrance. L'ignorance est la source des poisons et obscurcissements mentaux' ~ Dalaï Lama

'Le mal qui est dans le monde vient presque toujours de l'ignorance, et la bonne volonté peut faire autant de dégâts que la méchanceté, si elle n'est pas éclairée' ~ Albert Camus, La Peste

Et une plus psychologique, qui vous expliquera mieux mon mal-être lorsque je ne suis pas bien entouré : 'Tout refus de communiquer est une tentative de communication ; tout geste d'indifférence ou d'hostilité est appel déguisé.' ~ Albert Camus, l'étranger »

L'accueil fut plus chaud, ces citations plaisaient plus.

Bref, ce que j'essayais d'exprimer et de montrer un peu maladroitement à mes camarades, c'est que notre groupe se complétait bien, fonctionnait en synergie.
La tête, le cœur, l'hyperactif, les bras et... le bon camarade qui participe. Le travail et les amis étaient donc mon nouvel équilibre, et je priais pour qu'il dur.

Léo, sur ces pensées, repris la parole, il aimait bien mettre son grain de sel.

« De toute façon, même à la retraite, l'homme continu d'être très actif … l'ennui et l'isolement ne sont pas bons pour la santé mentale »
C'est sur ces mots que nous rangions nos plateaux, et nous préparions mentalement à la suite du programme.

Explications de ce chapitre :

Il ne faut pas oublier que l'homme est corrompu, depuis le pêchers originel. Prenez ce qu'il y a de meilleurs dans chaque frère et sœur que vous croiserez dans votre vie. Et servez vous en pour servir pleinement le père céleste.

Le foi est comme un grain de moutarde, petite et insignifiante au départ, elle grandi et se développe au fil du temps.

Ésaïe 41:10

« Ne crains rien, car je suis avec toi; Ne promène pas des regards inquiets, car je suis ton Dieu; Je te fortifie, je viens à ton secours, Je te soutiens de ma droite triomphante. »

Chapitre 6 : Frustrations

Voilà donc la panade dans laquelle je m'étais mise tout seul... mais lancé aussi loin dans l'aventure, je ne pouvais pas reculer maintenant. Même si j'avais de plus en plus peur d'échouer au pied du mur, j'avais du mal à me calmer les nerfs juste avec de la méditation ou du sport intense, il faudra trouver une autre stratégie !

Je sortais enfin prendre l'air, dans la cour de la caserne. Cela faisait du bien de respirer un bon bol d'air frais après ces instants, enfermés dans une salle ou plusieurs jeunes transpiraient et rarifiais l'oxygène de l'air.

Je me demandais à nouveau, comme une marotte, si je voulais faire cela de ma vie. Un boulot de gratte papiers, entourés d'autres grattes papiers. Faire des hypothèses qui seront peut-être jamais vérifiées. Me soumettre à la relecture de pairs pointilleux, disons carrément vieux et dogmatiques.

Il fallait vite trouver du positif là-dedans, au milieu de ces bâtiments fonctionnels, où il me semblais qu'en montant dans les étages, on grimpait dans la carrière et la hiérarchie sociale. Ou en grimpant à la force de sa Niack, on accumulait enfin les réussites et les signes extérieurs de richesses. Mais au prix de décisions difficiles, de fausses déductions, de montagnes de papiers juridiques.

Le positif, les formateurs nous enjoignaient à le trouver en regardant derrière soi brièvement, les projets aboutis, les publications, son nom écrit dans un journal. Mais il fallait vieillir sans doute pour cela. Et, comme dans les Sims finalement, un homme pouvait tout à fait mourir sans avoir accomplie sa destinée, finalement.

Mais je me disais que cela restais très rare, et qu'au moins, dans une branche de l'armée, on allait me rémunérer bien, au prix des dangers. Que j'allais voir l'envers du décors civil : Les publications scientifiques prétentieuses. Au contraire, les métiers de l'ombre, ces ouvriers par exemple, qui abattaient un boulot monstrueux pour le bien commun. Et récoltais finalement surtout la reconnaissance de leurs proches, pas tellement de la société. Les sites web qui se multiplient, ou tout le monde donne son avis, plus ou moins éclairé, et où il faut faire un tri massif. Je m'imaginais dominer tout ce chaos, un sourire de retraité satisfait sur le visage... Oui, à mon âge je pensais déjà à la retraite, on se motive comme on peut, un peu d'empathie je vous prie.

Ceci est une autre bonne question philosophique tient, faut-il souffrir au travail ? pour être réellement satisfait du rendu. En France, il me semblait que c'était la norme, et dans les autres pays ? Je me promettais de rechercher ça. Le monde adulte se rapprochait décidément à vitesse vertigineuse.

Les formateurs Vinrent nous chercher pour la pause repas, enfin un vrai plaisir ! (Oui, je suis un Rantanplan, je le sais, pas la peine d'enfoncer le clou)

La pause repas me confirma que je réfléchissais comme un papy, preuve que j'avais passé trop de temps avec Georges. Je trouvais que mes camarades scrutaient beaucoup leur téléphone. Alerté à la moindre notification, bavant sur les nouveautés, se montrant des vidéos et des photos à tous va. Comparant des statistiques trouver on ne sait ou par on ne sait qui, et parlant des dernières mondanité de leur chroniqueur radio favoris.

Au moins, j'avais une sorte de recul sur les actualités, moi... enfin, je me rassure comme je peux vous savez. Je suis sans doute juste un jeune réac, qui a passé trop de temps auprès de papy Georges.

Mais j'étais plus certain d'une chose, il fallait s'exposer pour être critiqué. Seuls les gens passifs et les chefs, qui avaient une position leur permettant de ne pas se remettre en question. Seuls ceux-là ne souffrait pas la critique.

En discutant avec mes camarades, et en débattant, un sujet revenait régulièrement. La différence entre privé et publique, qui n'était pas bien clair pour moi encore. Je ne sais pas si c'est parce-que cette notion était complexe. Ou si c'est parce-que des années de luttes et de débats en France avait complexifié la question

Une rapide recherche google m'expliqua que c'était surtout une histoire d'obligation de moyens contre une obligation de résultat. En terme juridique, cela veut dire que les agents du service publique à l'obligation de mettre tout en œuvre pour arriver à leurs fins, tandis que les salariés du privé doivent montrer des résultats concrets ou mettre la clé sous la porte.

Et en même temps je me disais, tandis que je surfais sur mon téléphone, que je me comportais encore comme un ours à ne pas discuter avec mes camarades fraichement arrivés. Mais ceux-ci avaient tendance à hausser les épaules et prendre un air étonné à l'évocation de ce débat, je lâchais donc l'affaire.

Par contre, cette effervescence hors du travail, c'est un vrai kiff. Ce relâchement du stress et de la compétition. J'adore personnellement. Ce sont les moments de vie que je préfère.

Pour m'ancrer et méditer profondément, cette fois, je pensais à mes années à la Croix-Rouge française.

Ce profond sentiment de valeur humaine, lorsque l'on s'occupais de plus fragile que soi. Lorsque l'on remettais sur de bonnes rails des personnes vulnérables, ou blessés.

Ce sentiments, comme au rugby, que chacun avait une place et un rôle important. Indépendamment de son origine sociale, de son apparence physique, de ses capacités. Le cadre, ancien du SAMU, qui avait de la bouteille et dédramatisais les situations les plus critiques, le plus souvent en faisant des blagues de culs. La secrétaire, qui avait cette faculté incroyable de traiter les dossiers, en moins de temps qu'il me fallait pour boire un café, écrivant et maitrisant l'ordinateur à une vitesse hallucinante, sans même demander beaucoup de reconnaissance en retours. Ces secouristes, qui avaient comme par cœur les principes des premiers secours en tête, et allaient eux aussi si vite et si bien, qu'ils se permettaient de parler du temps qu'il fait dehors, le plus souvent, avec la victime.

Je revoyais les uniformes, portants les principes fars du secourisme, cette place et ce rôle que l'uniforme, porté avec fierté, conférais une confiance en soi inébranlable.

La conduite du Véhicule de Premier Secours à Personne. Comme un gros camion avec un gyrophare et le matériel de soins ainsi que le brancard à l'arrière. Qui me donnait l'impression d'être comme un musicien de haut niveau, connaissant les commandes et le comportement du véhicule par cœur, au point d'avoir une conduite parfaite pour les collègues à l'arrière.

Ces routes de campagnes que nous avalions, les horaires que nous tentions de respecter en vain. Le sourire des gens lorsque l'on leur portais insistance. Les mots gentils, parfois même les touches d'attention, les cadeaux qu'ils pouvaient nous offrir. Les anecdotes que ça donnait, comme le jour ou la tente s'était envolée et qu'on avait eu l'air bien malin, tout secouriste que nous étions, à lui courir après, la fois ou nous avions croisez un viticulteur tellement heureux qu'on l'oriente vers des soins adaptés, qu'il nous avait donné une bouteille de sa meilleure cuvée.

Oui, être bénévole à la croix rouge à tendance à vous faire croire au karma. On gagne énormément à s'occuper des autres. De plus, on ne s'imagine pas tout ce qu'il est possible de faire en une journée à plusieurs ! c'est assez fou.

Je pensais avec sourire que je pouvais ajouter : ‘altruisme’, ‘neutralité’ et ‘dynamisme’ à mon CV, et à ma lettre de motivation. Sans que ce soit exagéré ou erroné. Bien que tout le monde gonfle son CV, il faut un fonds de vérité tout de même…

Et surtout la confiance et les responsabilités que me conférait cette expérience bénévole. Cette confiance que je retenterais de retrouver à tous les entretien d’embauche du monde.

Un professeur nous avait un jour dit : « si un poste est ouvert, dites-vous qu’ils ont plus besoin de vous que vous avez besoin d’eux. Soyez-vous-même, souriez, et tout se passera pour le mieux »

Je retrouvais cette Energie positive à mesure que je calais ma respiration sur mes battements cardiaques, et je me sentais pleinement ressourcer.

Pour surmonter ce stress et cette frustration d’être si proche du but, sans l’atteindre encore. Je m’imaginais porter fièrement les couleurs des forces de l’ordre. Avoir un grade et des responsabilité. Grandir à mesure que je protégeais la population. Avoir le dernier équipement haut de gamme, le dernier monstre de métal surpuissant, totalement hors de mon petit budget. Oui bon je n’ai pas que de saines intentions non plus, je suis humain comme tout le monde.

Puis je fantasmais sans doute la profession, la réalité.

Le plus important, je trouve, lorsque vous décidez de prendre du temps pour vous, pour être bien dans votre corps et votre esprit, c’est d’analyser les schémas récurrents qui vous rendent malheureux.

Je m’explique.

Si vous accomplissez une action d’une certaine manière, on va prendre un exemple simple : vous mettez toujours de la bière dans vos crêpes.

Et que vous identifiez que cette action conduit toujours à des désagréments : certains de vos invités n’aiment pas le gout de la bière. Peut-être faut-il considérer la possibilité de faire une seconde pâtes à crêpe sans bière à côté, pour satisfaire tout le monde.

Très schématiquement, en simplifiant grandement les choses, les processus mentaux, et la résolution des problèmes, fonctionnent un peu pareil.

Par exemple, vous n’aimez pas le stress de dernière minutes, cela vous insupporte, et conduit systématiquement à un ‘pétage de plomb’ de votre part. Faites comme moi, devenez un obsessionnel de la planification. A choisir, le rapport bénéfice sur risque, le bénéfice étant l’esprit tranquille et apaisé, et le risque : que l’on vous prenne pour un névrosé. Eh bien, selon moi, la balance penche favorablement du côté du bénéfice, car de toute façon il y aura toujours quelqu’un pour vous critiquer. Car la différence irrite les gens, il n’y a pas que les autistes qui sont inflexibles au changement, si vous regardez bien autours de vous, beaucoup de personnes sont psychorigides ou maniaco-dépressif. Pourquoi ? parce-que le cerveau humain est branché sur le câblage de la critique, pour progresser et se réajuster. Il faut respecter sa 'complétion', c'est-à-dire son équilibre personnel, tant qu'il est bénéfique et auto-bienveillant. Car les autres ne s'adapterons pas toujours à vous.

Comme dirait Bob, en citant Booba : « Ne fait pas trop de bien, ou tu seras cloué sur une croix ».

Bon, je ne suis pas tout à fait d'accord avec ce principe, le bien attire le bien. Et l'exemple du Christ est une bonne chose, car il a l'attitude parfaite.

Mais le Christ, vous dira Léo, et c'est bien précisé dans la Bible, est un idéal que vous n'atteindrez jamais, car vous n'êtes pas un être céleste. Ayez tout de même en tête cet idéal si cela vous aide à avoir des relations apaisées aux autres et à vous-même, mais en gardant en tête que vous n'avez pas la capacité de faire des miracles, par vos propres moyens. C'était la parenthèse Chrétienne.

Tout cela pour vous dire de filtrer les critiques, en garder surtout le positif et ce qui est important de réajuster dans votre vie. Vital si vous préférez.

Alors, il n'est pas toujours bon pour soi d'écouter les autres, qui ont un fonctionnement différents de vous. C'est le bon conseil d'un psychologue que je tenais à vous partager.

Pourquoi est-ce que j'appelle si souvent le psychologue ? Parce-que seul une personne neutre vis-à-vis de votre situation personnelle, désaffectée sentimentalement de ce qui peut vous arriver, est parfois la seule personne apte à vous aider dans les situations difficiles !

Suis-je clair ? Peut-être pas, peut-être aussi que je vous noie d'information qui ne vous servent pas, je ne sais pas où vous en êtes dans votre cheminement personnel !

Mais ce que je peux dire avec certitude, c'est qu'il ne faut pas avoir honte d'aller voir une psychologue, car cela peut redonner un élan insoupçonné.

Petite conversation avec Annie

« Au Japon, il existe un concept appelé 'Nomunication', c'est une contraction de 'Nomu' : boire et 'communication' » me signifiait Annie au téléphone.

« C'est ma nouvelle obsession, comprendre comment les japonais arrivent à être plus productifs que nous, pays occidentaux, même dans les moments de crises et avec moins de moyens.

La nomunication en fait partie, le Japonais moyen passe bien plus de temps au travail que nous, et mets donc un point d'honneur à faire des 'afterwork' dantesques et mémorables. Inclusifs et bon enfant, dans les nombreux bars ou 'Isakaia' présents dans toute les villes.

En fait, l'ivresse fait tomber juste ce qu'il faut de filtre et de timidité pour ouvrir votre cœur à votre collègue de travail. Vous apprenez à vous connaitre et à fonctionner sur la même longueur d'onde. C'est pour ça qu'un point d'honneur est mis sur le fait de se souler ensemble, c'est un rite de passage très important. En France, les étudiants le font beaucoup, mais les adultes ont tendance parfois à le perdre, ou du moins à ne pas inclure tout le monde malgré les différence de caractère et de points de vue, je trouve cela dommage, c'est un coup à accumuler les non-dits et l''hypocrisie de l'open-space', ainsi que les bruits de couloirs.

Bien entendu, le Japon n'est pas un modèle social parfait, la corruption et la criminalité y existent aussi, plus caché mais bien réelle et violente. Evidement ! Une organisation basé sur le mensonge et les trahisons ne peut que basculer à un instant critique, parfois donc, les masques tombent chez les 'Yakusa'. Et les traitrise et bains de sang qui suivent sont particulièrement démonstratifs.

Aussi, les SDF et les marginaux en général subissent une exclusion sociale qui les tuent systématiquement, physiquement comme moralement. Dans un contexte de plein emploi et d'économie grimpante, ajoute à ça le sentiments d'avoir trahi le nom de sa famille, et tu comprendras comme c'est une société violente pour les personnes atypiques. Pour le modèle social je préfère donc largement l'Europe. »

Je remercia Annie pour cette conversation intéressante, comme d'habitude, et me préparais pour le session d'apprentissage suivante.

Apprendre la poursuite véhiculée

Encore une fois, les jeux vidéo et séries m'ont trompé, sur ce qu'est une course poursuite, en voiture.

D'abord sur la conduite de l'engin, la moindre embardée peut être mortelle à grande vitesse. Donc il est nécessaire, de connaître parfaitement sa machine, et ce n'est pas une mince affaire. Les voitures survitaminées ainsi se comportent parfois différemment de la voiture de ville pépère, à laquelle le commun des mortels est habitué.

Vous forcez à chaque virage, sur les bras, et transpirer abondamment, à cause du stress, de glisser, de faire un tonneau, ou une tête à queue.
Passé ce stress, chaque accélération vous plaque au siège. Et chaque courbe vous renvoie la force centrifuge directement sur vous. Pour peu, de ne pas être lourd, vous êtes vite trimballés de chaque côté de la ceinture.

Encore une fois, je me dis que j'aurais dû passer plus de temps dehors à apprendre sur moi-même et sur la vie, mais il était trop tard pour penser cela.

Un travail de fourmi

Le retour à la formation fut comme un dur retour à la réalité. Mais comme nous savions qu'il fallait s'accrocher, personne ne mouftait dans la salle.

De retour sur ce fichu travail de fourmi... pour nous réconforter les formateurs nous passait parfois la musique de notre choix. Et nous rappelais aussi parfois que, si nous nous arrachions aujourd'hui. Nous ne ferions pas les tâches ingrates dans le futur.

Comme coller des PV, parlementer avec des gens en tords, qui se savent en tort, mais qui cherchent quand même à avoir raison, arrêter des gens ivres en sortie de bar...ce qui est une agression pour les sens comme pour la dignité humaine. Faire face aux casseurs lors des manifestations.

Quoique pour certains, ce frisson d'adrénaline est recherché, la plupart d'entre nous étant humains et raisonnables. Nous laissions ces jobs à d'autres, et nous nous concentrions sur le droit, la cybervigilence, l'ingénierie et la balistique. Des montagnes de cours complexes et jargonneux.

Ceci étant à double tranchant, lorsque vous êtes très spécialisés, vous ne trouvez pas toujours un emploi du fait de vos tarifs. Et parler le jargon ne plaît pas toujours au badaud , l'homme de la rue. Les formateurs, aussi chercheurs dans leur temps libre, nous mettaient volontiers en garde contre l'hyperspécialisation. Et nous encourageais à lâcher prise dans nos temps libres. Pour faire de la poterie ou de la cuisine par exemple, moins anxiogène, plus gratifiante sur le court terme !

Le gros morceau étant tout de même la cybervigilence. Celle-ci reposait sur le principe des 3 V : Véracité, Vélocité et Volume. Un bon algorithme de recherche d'information, ou un bon programmeur, est équilibré dans les 3 domaines. Une information véridique, pas une fake news : Véracité Trouvé rapidement et dans le temps où elle est utile : Vélocité Qui n'est pas noyée dans le flot de tweets et de surabondance d'information : Volume.

Quand vous y pensez vraiment, c'est fou comme une simple page web, prenez le site internet de 'pôle emploi' par exemple, regorge d'une multitude d'informations qui peuvent vous être inutiles à vous à un instant t, et parfois même contradictoires par rapport à une date antérieure. Et ça rien que sur la page de garde. Cela vous donne une idée de la complexité et le flou artistique dans lequel nous nagions, pauvres bleus que nous étions.

Vous devez vous dire : 'Mais les méthodes et les algorithmes de la police doivent être hyperefficaces !'

Houlà malheureux ! c'est le service public ! il faut économiser un peu.

Non, la plupart du temps, c'est à nous que le travail de fouille de données revenait, et en tant que stagiaire, il n'est pas bon de chercher à contredire son supérieur...au moins, ça forme ! Nous savions maintenant reconnaître un bel algorithme bien efficace. Et se ramener aux bonnes vieilles méthodes lorsqu'il n'y a pas d'autres moyens. Interrogé... fouiller... faire des hypothèses.

Pester contre le temps qui file et notre prime qui semble s'évaporer. Se consoler en se disant que tout ça n'est pas du temps perdu, mais des compétences à part... sans trop de garanties sur la véracité de cette information.

Se dire qu'on aurait peut-être dû ouvrir un salon de massage. Ça, ça rapporte au moins !Au moins, les temps de pauses et de décompensation étaient sublimés. Entre bons copains, nous parlions surtout de choses que je ne peux pas évoquer ici. Qui me faisait malheureusement penser à Annie. Et nous faisions de l'humour noir, pour décompenser de ce que nous voyions et entendions la journée.

Je me rappelais aussi papy Georges : 'Travaillez, un travail est caché'. Ce vieux renard, je comprenais enfin cette vielle citation. Travailler, implique de ne pas attendre de récompense systématique. La connaissance, faire des erreurs et se corriger soi-même. C'est un pas de géant en soi, déjà.

Je souriais en repensant à mon papy. Et me dis que j'avais une grande proportion à comprendre les choses à retardement, ce qui n'est pas un avantage.

Séances de pleine conscience.

Cependant, une chose appréciable, dans les métiers stressants. C'est qu'en général, votre patron met en place des mesures contre le stress. À la caserne, nous avons donc eu le droit à une séance de méditation en pleine conscience.

Cette séance me permit de désapprendre beaucoup de clichés et de stéréotypes que j'avais sur le sujet. En première ligne, c'était pour moi une activité pour bobo parisiens (jusque-là je suis concerné, au moins pour le 'bobo', bien que je ne sois pas parisien). Et une pratique d'illuminés qui recherche à débloquer leur chakra ou je ne sais quoi d'autre. Il faut souvent se confronter à la réalité pour comprendre ses idées reçues et les réviser.

Nous fumes accueilli dans une salle simple, minimaliste, avec aucune décoration, juste quelques tapis de gymnastiques et un bâton d'encens, allumé, au centre. Pas de « Namasté », ni de position du lotus. Juste une dame d'un certain âge, qui nous souhaita la bienvenue avec un large sourire, et une position de corps que je qualifierai d'ouverte. Tourné vers nous, les bras levés spontanément en notre direction. Cette dame semblait heureuse de nous apporter ce qu'elle considérait comme son trésor de vie.

« Bonjour à tous, je m'appelle Naïma. Je vais vous enseigner des techniques rapides de méditation, que vous pourrez reproduire chez vous. »

Elle dégageait une sagesse et un charisme qui lui permettait de se passer d'autorité. Je la jalousais un peu à vrai dire. Mais bon, chacun son métier. Nous nous sommes donc, en réaction, assis en tailleur autour d'elle. En tenue de jogging comme elle l'avait préalablement demandé.

« D'abord, la méditation pleine conscience, les techniques de cohérence cardiaque, ça vous dit quelque chose ? »

Évidemment, comme j'aurais pu le prévoir, aucun des jeunes casse-cou que nous étions n'avions connaissance de ça. À part peut-être Léo, mais comme il m'avait confié ne pas vouloir passer pour un monsieur 'je sais tout'. Il se taisait généralement lorsqu'une question nous était posée.

« Je vais vous dire, ce que c'est selon moi, ma pratique. Et ce que ce n'est pas »

Naima se mit à faire les cent pas, l'air de mesurer ses propos. Mais sans avoir à forcer pour remettre ses souvenirs, elle devait avoir l'habitude d'intervenir en public.

« La méditation est un moyen de se reconnecter avec l'instant présent. Vous avez déjà dû l'entendre, mais qu'est-ce que cela signifie exactement ? »

Elle ménagea un silence qui me rappela les formateurs. Mais heureusement, ici, pas de pression de résultat, ce qui changeait radicalement notre état d'esprit.

« Les pensées sont volatiles, face à une situation ennuyeuse, ou ont un temps d'attente. Nos pensées partent dans tous les sens. Bon, vous arrivez à focaliser, car vous avez des stratégies pour »Ah bon ? je ne devais pas en avoir beaucoup personnellement.« Vous savez discipliner votre esprit. Mais tout ceci couplé au travail et à la vie active, à un coût mental. La méditation, c'est donc arriver à reconnecter à l'instant présent. Prendre un instant de calme, pour soi, un souvenir heureux, une détente du rachis jusqu'au talon. Pour revenir plus productif, plus apaisé et énergique, bah… à l'instant présent, justement. »La séance qui suivit fut à la hauteur de ses promesses. Comparé au stress et à la pression des cours.

Discussions d'adultes

Il arrivais donc parfois que nous mangions à la table de nos formateurs. C'était l'occasion de détendre le sérieux habituel. Avec des anecdotes. L'affaire de la cocaïne...

Ou du criminel maniaque. Qui s'était fait avoir parce qu'il était revenu chercher sa montre sur le lieu du crime.

Je me rendit compte, au cours de ces repas, que je n'étais peut-être pas prêt à me lancer seul. Déclarer sa comptabilité par exemple, c'est un exercice qui me terrifie. Pas seulement car j'ai des mauvaises notes donc des mauvaises aptitudes à ce jeu. Pas seulement parce-que mon attention décroche après 5 min d'explication, comme tout humain normalement constitué.
Pas seulement la peur de ne pas me dégager un salaire suffisant. Bien que j'aime l'argent et que j'aime payer beaucoup d'impôts en bon bobos de mon espèce.

Non, c'est la Somme de toutes ces raisons et l'angoisse de rogner sur mon temps de sommeil et ma patience.
Je n'avais donc pas peur du danger. Pas peur des séances de sport du caporal-chef.
Mais la vue d'un tableau comptable, par contre, me filait des sueurs froides. Et le mot audit me faisait avoir la nausée.

Mais, se débarrasser de ce genre de peur et traiter ce genre de problème avec efficacité, ça ne se ferait qu'en gagnant en maturité et en expériences de vie. Sans doute je regarderais ça avec nostalgie plus tard. Comme dirai papy Georges, on ne garde que le positif de ses expériences.

« Allez le bleu ! chez le psy maintenant, c'est la dernière étape ! »

Je n'avais pas pensé à cela tient…

Explications de ce chapitre :

Vous pouvez parfois avoir la sensation d'être abandonné à votre sort. Lâché par le père. Il n'en est rien, c'est le pêcher et les attaques de Belzebuth qui vous causent de la souffrance.

D'ailleurs, la souffrance est l'expression d'un état limité. Hors, la promesse du royaume céleste peut vous empêcher de souffrir. Priez abondement et soyez humble et honnêtes, et vous ne souffrirez plus.

Jean 4 5 :42

« Le Seigneur sut que les Pharisiens étaient informés à son sujet ; on disait qu'il faisait des disciples et baptisait plus que Jean. En fait, ce n'était pas Jésus qui baptisait, mais ses disciples.

Il quitta donc la Judée et se mit en route pour la Galilée. Il lui fallait traverser la Samarie.

Et c'est ainsi qu'il arriva à une ville de Samarie appelée Sichar, tout près de la terre que Jacob a donnée à son fils Joseph. 6 Et c'est là que se trouve le puits de Jacob.

Jésus était fatigué de la marche et il s'assit auprès du puits. C'était l'heure de midi.

Arrive une femme de Samarie pour puiser de l'eau. Jésus lui dit :

— Donne-moi à boire.

À ce moment ses disciples étaient partis à la ville pour acheter de quoi manger.

La Samaritaine lui répondit :

— Vous êtes Juif. Comment pouvez-vous demander à boire à une Samaritaine comme moi ?

(On sait que les Juifs ne veulent pas de rapports avec les Samaritains.)

Jésus lui dit :

— Si tu connaissais le don de Dieu et si tu savais qui te demande à boire, c'est toi qui lui aurais demandé cette eau qui fait vivre, et il te l'aurait donnée.

Elle lui dit :

— Seigneur, vous n'avez pas de seau et le puits est profond. Où trouvez-vous cette eau vive ? Notre père Jacob nous a donné ce puits après y avoir bu lui-même avec ses fils et ses troupeaux ; êtes-vous plus grand que lui ?

Jésus lui dit :

— Celui qui boit de cette eau aura encore soif, mais celui qui boit de l'eau que je lui donnerai ne connaîtra plus jamais la soif. L'eau que je lui donnerai deviendra en lui une source intarissable de vie éternelle.

La femme lui dit :

— Seigneur, donnez-moi donc de cette eau ; je n'aurai plus soif et je n'aurai plus à venir en chercher ici.

Jésus répond :

— Va, appelle ton mari et reviens.

Alors la femme lui dit :

— Je n'ai pas de mari.

Jésus lui répond :

— Tu dis que tu n'as pas de mari ? Comme c'est vrai ! Tu as eu cinq maris et celui que tu as maintenant n'est pas ton mari. Tu as dit vrai !

Alors la femme lui dit :

— Seigneur, je vois que vous êtes un prophète. Dites-moi : nos pères ont toujours adoré sur cette montagne ; pourquoi donc dites-vous que Jérusalem est le Lieu où l'on doit adorer ?

Jésus lui dit :

— Femme, crois-moi, l'heure vient où vous adorerez le Père. Et alors ce ne sera pas : "sur cette montagne" ou : "à Jérusalem". Vous adorez sans avoir la connaissance, et nous, nous adorons et nous savons où, parce que le salut vient des Juifs. Mais l'heure vient, et elle est déjà là, où les vrais adorateurs adoreront le Père en esprit et en vérité. Alors ils seront des adorateurs du Père comme lui-même les désire.

Dieu est esprit ; quand on adore, il faut adorer en esprit et en vérité.

La femme alors lui dit :

— Je sais que bientôt sera là le Messie (c'est-à-dire le Christ). Quand il sera là, il nous dira tout.

Jésus répond :

— Je le suis, moi qui te parle.

À ce moment-là revinrent les disciples, et ils s'étonnaient de le voir parler avec une femme. Pourtant aucun d'entre eux n'osa lui demander : "Que cherches-tu ?" ou : "Pourquoi lui parles-tu ?"

Quant à la femme, elle laissa là sa cruche et s'en alla à la ville en courant. Elle dit aux gens :

— Venez voir quelqu'un qui m'a dit tout ce que j'ai fait ! Et si c'était le Christ ?

Voici donc qu'ils sortent de la ville pour aller le trouver.

Pendant ce temps les disciples lui disaient :

— Maître, mange !

Il leur répondit :

— La nourriture que je dois manger, vous ne la connaissez pas.

Alors ils se dirent les uns aux autres :

— Peut-être quelqu'un lui a-t-il apporté à manger ?

Mais Jésus leur dit :

— Ma nourriture, c'est de faire la volonté de celui qui m'a envoyé et de mener à bien son œuvre. Vous avez dit, n'est-ce pas : Dans quatre mois ce sera la moisson. Alors je vous dis : Ouvrez les yeux et regardez les champs. Déjà ils blanchissent, et ce sera la moisson. Voici le moissonneur qui reçoit son salaire et amasse du grain pour la vie éternelle, et alors le semeur se réjouit avec le moissonneur.

On a raison de dire que l'un sème et l'autre moissonne, car je vous ai envoyés moissonner là où vous n'aviez pas peiné. D'autres avaient peiné, et vous avez repris leur travail.

Dans cette ville beaucoup de Samaritains crurent à cause de la femme qui affirmait :

— Il m'a dit tout ce que j'avais fait.

Quand les Samaritains étaient venus trouver Jésus, ils lui avaient demandé de s'arrêter chez eux, et il y resta deux jours. Il y en eut beaucoup plus qui crurent à cause de sa parole ; et ils disaient à la femme :

— Maintenant nous croyons, non pas à cause de ce que tu as raconté, mais parce que nous l'avons écouté. Nous savons qu'il est vraiment le Sauveur du monde. »

Chapitre 7 :Passage obligatoire chez le psy

« Vous pouvez effectivement compter sur l'intelligence collective, et le travail d'équipe est sain pour faire avancer les choses plus rapidement, plus synergiquement. Mais les autres semblent vous servir de valeur étalon, vous semblez vous définir uniquement par rapport aux autres.

Ceci est plus problématique en revanche, il faut vous trouver votre personnalité, vos valeurs de tête, votre identité et vos compétences. C'est cela la vie d'adulte en quelque-sorte »

Il remit ses lunettes en place et me dévisagea pour voir l'effet de ses paroles sur moi, puis pris quelques notes. Je me sentais mal à l'aise dans ses situations.

« Depuis que je vous parles, et que je commence à vous connaitre, vous avez l'air de quelqu'un d'un peu psychorigide »

Merci, monsieur de psychologue ! je comprenais l'importance de s'auto-critiquer… afin d'être mieux dans sa tête et ne pas recevoir de pique de la part d'un professionnel des pensées.

« Vous êtes un peu naïf aussi, vous n'avez pas forcement conscience des enjeux de pouvoir, d'argent, de postes autours de vous. Vous ne semblez pas 'fayotter' assez si je peux me permettre. »

Il s'était déjà permis en réalité.

« Le problème dans ce processus, c'est que vos camarades ne vous attendrons pas pour prendre les meilleures places, et vous laisser les tâches ingrates.

Si vous ne vous coacher pas de toute urgence, cela vous sera préjudiciable. Les autres vont se nourrir en compétence et curiosité intellectuelle, et vont vous laisser sur le bord de la touche.

Le temps vous est compté mon jeune amis n'oubliez pas cela. »

« Je vais aussi vous présentez les filtres de Socrates, puisque vous semblez apprécier la philosophie, pour vous permettre de contrer l'égo diminué, la perte de confiance en soi, débusquer les personnes malveillantes, où qui ne vous apportent rien. »

Il réfléchit longuement avant de poursuivre.

« Vous semblez être quelqu'un de gentil, d'avenant, qui veut aider l'autre.

Attention à ne pas vous laisser manger par l'autres. Vos amis et votre famille savent 'défendre leur *beefsteak*' mieux que vous ne le pensez, pensez d'abord à vous-même, et aimez-vous ! Physiquement comme intellectuellement.

En fait, vous ne pourrez inspirer un leadership et des conseils rassurants et pertinents que si vous êtes vous-même au top de votre forme physique et morale. N'oubliez pas cela non plus. »

Voyant que je ne le comprenais visiblement pas complétement, il tenta un nouveau discours :

« Vous savez, l'homme est un animal social, qui fonctionne sur des instincts de conservation de ses groupes d'appartenance.

C'est comme cela qu'un psychologue américain et son associé, messieurs Rosenthal et Jacobson, ont découvert l'effet 'Pygmalion'. Où prophétie auto-réalisatrice.

Ils ont réparti des rats tirés au hasard dans une population aux caractéristiques identiques, à des étudiants. Et leur ont fait croire qu'une moitié de ces rats avaient de meilleurs capacités intellectuels. Le résultat de l'expérience est que les rats 'surcotés' ont mieux réussis, aux yeux des étudiants, les tests. »

« Pourquoi je vous raconte cette expérience, eh bien je trouve que vous manquez de confiance en vous-même. Et que vous êtes un grand anxieux chronique. Rien de grave à cela, une grande parti de la population souffre d'un trouble anxieux. Le tout est de travailler sur cette anxiété, car si vous dégager une aura de confiance en vous et, effet boule de neige, vous aller gagner en égo et en implication, en initiatives personnelles, etc. Et vos supérieurs auront plus confiance en votre capacité à faire les choses, et là le cycle de Pygmalion va se mettre en route, vous aller de mieux en mieux accomplir vos missions, vous vous justifierez moins. Nous serons gagnant sur toute la ligne. Vous me suivez ? »

Le psychologue baissa la tête pour me regarder dans les yeux, et marqua un temps d'arrêt pour voir si j'acquiesçais ses explications.

Je fixais une grande peinture accroché face à moi, une toile d'art contemporain, abstraite et élégante, qui laissait beaucoup de place à l'interprétation. Les couleurs vives rouges et noires m'apaisait de par la beauté qu'elle dégageait.

En réfléchissant, j'étais d'accord avec le psychologue. Mais surtout, il fallait à tout prix que je réussisse cet examen. Je n'avais pas trop le choix, je ne me voyais pas réussir à la faculté, les méthodes d'enseignement étaient trop éloignées de ma personnalité et ma tendance naturel à regarder ce qui se passe dehors, au lieu de suivre le cours magistral. De plus, la faculté enseigne une discipline, pas un métier, et je voulais un métier, de la reconnaissance, un salaire, la vie d'adulte, la vie active.

La vie d'adulte donc, des audit ? des financeurs qui vous mettent la pression ? ou alors devenir son propre patron et se mettre soi-même la pression ? Remarque s'il y a de la pression c'est que l'on accorde de l'importance à mon travail, c'est donc bon signe j'imagine. Il est difficile de jauger quand le stress est positif, en étais-je capable ? Je sentais une boule au ventre et des larmes monter à mes yeux.

De plus, dans mon petit village, le monde est vite petit, les gens se connaissent et se reconnaissent. J'avais peur que si je me ratais, les gens me pointerais du doigt et se moquerait de moi. Je le fit remarqué au psychologue.

Celui-ci fronça les sourcils et ajouta :

« Mais si vous n'essayez pas, vous aller avoir des regrets c'est une certitude. Vous avez sans doute déjà entendu qu'il vaut mieux vivre avec des remords que des regrets. Vous comprenez cela ? »

J'avais une impression de déjà-vu. Comme si la vie faisait des cycles, j'avais l'impression d'avoir déjà été confronté à ce genre de situation. Était-ce la fatigue qui donnait cela ? Quels avaient donc été mes ressources ce jour-ci ? Sur qui ou sur quoi m'étais-je appuyé au juste ? Avais-je été dans un état de grâce similaire à celui de mon recrutement, proche du mystique ?

Ou peut-être que je touchais mes obsessions du doigt, enfin un peu.

Je pensais que me dire ça maintenant était étrange, après avoir remué tant de chose en moi il faudrait un temps pour m'en remettre et me calmer à nouveau. Décidément, ce recrutement n'était pas bon pour mon cœur !

Quelles citations ou philosophe célèbre allait donc pouvoir me sortir de la panade ? Ou le travail allait-il le faire ? Rien n'était moins sûr, tout restait à construire.

Heureusement, le psychologue était un bon praticien, il n'allait pas me laisser dans un état de mal-être. C'est à cela selon moi, que l'on reconnait les bon thérapeutes, ils savent réajuster leur thérapie en fonction de l'effet obtenu sur nous

« Je vais vous donner un exercice pour la prochaine fois que l'on se voit.

Prenez un papier, notez toutes les pensées qui vous traverses. Dissociez les pensées négative d'un côté, et les pensée positive de l'autre. Ensuite, concentrez-vous sur les pensées négatives, elles sont douloureuses forcement, car passionnées, laisser la douleur et l'angoisse monter dans un premier temps, car lutter serait vain.

Puis, observez-les avec un œil neutre, pragmatiquement, qu'est-ce qui mérite de vrai changements dans votre vie, et qu'est-ce que vous ne pourrez jamais changé, qu'est-ce qui est gravé en vous à cause de votre enfance ou vos rituels.

Déjà, le fait d'observer et de distancier ces pensées négatives les rends moins douloureuses. Car on prend de la distance. Ensuite, le cerveau a besoin de positif pour fonctionner normalement, et de sommeil. Alors, affirmer vos qualités et pensées positives le soir avant de vous coucher.

Vous me direz si vous obtenez de bons résultats ainsi, à une prochaine fois, monsieur ! »

Il conclue sa séance sur cet exercice, ce qui me laissa moins perplexe et plus confiant. Il avait dû saisir que j'étais un hyperactif qui a besoin de faire et de comprendre.

Je pensais que cette séance serait bénéfique à long terme, et je retournais dans mon groupe de copain, à la caserne, près à réattaquer les cours

Je retournais donc, plein d'interrogation à la caserne. J'espérais pouvoir transformer ces questions en réponses un jour, mais, d'après mon professeur de philosophie du lycée... rien n'étais moins sûr.

Introspection supplémentaire

Je ressortais de ce énième entretien encore un peu troublé. Peut-être était-ce ma jeunesse, mon inexpérience, mais le recruteur avait rebattu les cartes encore une fois. Et j'étais perdu dans mes envies de carrière.

Que voulais-je vraiment ?

Fallait-il écouter religieusement cet homme ? Il avait plus d'expérience de la vie que moi. Que devais-je en tirer ?

Je décidais d'avoir recours à une méditation express pour calmer mes nerfs. Après tout il n'y avait pas de contre-indication à en abuser. J'imaginais rapidement un lieu calme, paisible. Une salle de classe studieuse, mes amis à proximité qui me jetaient des regards d'encouragement.

Un challenge mathématique ou informatique à ma portée, les félicitations du professeur, la promesse de pouvoir faire des bêtises avec mes camarades, à l'internat, une fois sorti de la classe. Mon rythme cardiaque et ma respiration s'abaissèrent comme par magie. Et je pris un grand bol d'air, apaisé. Ce que je voulais vraiment donc ? Pour ma vie.

Ce questionnement me rappelait les cours de philosophie du lycée. L'époque tendre et insouciante qui me détendait tant.

Pour approcher de la vérité, pas le choix, il fallait discuter, questionner, critiquer, rechercher. Comme un détective le ferait en soi, la pression du résultat en plus... les philosophes cherchent plus à questionner qu'à conclure, ce qui leur était reproché par nombre de mes camarades à l'esprit scientifique d'ailleurs. Qu'est-ce que je voulais moi ? J'avais l'impression que ma tête allait surchauffer à force de me poser cette question tous les 4 matins.

De la technicité ? De la fluidité et rapidité, de l'expertise dans les gestes ? Il y avait un risque d'automatisation et donc de burn-out a cette voie. Ce n'était pas un travail de cérébral comme moi, mais plutôt de personnes agissant avec le cœur. De la connaissance, être une encyclopédie vivante, un professeur mondialement reconnu, qui donne des conférences et des cours pour éclairer le chemin des autres. Il y avait un risque de se perdre soi-même dans cette voie, et de subir les conséquences d'une erreur de jugement plusieurs mois après, c'est un travail à hautes responsabilités. Qu'est-ce que je recherchais au fond ? La reconnaissance de mes pairs ? Les remerciements d'un client satisfait, la vraie reconnaissance d'une solution miraculeuse apportée, pas la reconnaissance forcée, institutionnelle, polie. C'est sans doute ce leitmotiv-ci qui m'avait poussé sur cette voie.

Je surveillais mes émotions et sensations... confus et en bonne forme. Pas le bon état d'esprit pour prendre une décision, j'analysais un risque de décision impulsive, et je ne voulais pas regretter. Je me projetais dans le futur : le travail en équipe, mon leadership, mon charisme futur. Comme dans un jeu vidéo, je ne pouvais que progresser dans ce domaine si je m'y concentrais.... Mais peut-être ne fallait-il pas se projeter si loin. Sinon, un nouveau patron me referait un retour brutal à la réalité. Et je ne voulais plus de ça. Mais bon, comme tout mortel, je n'avais pas d'autre choix que d'avancer, garder espoir. Garder son assertivité, ne pas attendre et dépendre des autres. Et faire des projets réalistes, qu'ils soient simples ou ambitieux. Pour l'instant, la formation me cadrait et me permettait de bien spécifier mes projets. C'était une chance... toujours se concentrer sur le positif.

Un nouvel appel, soutien d'Annie

J'étais toujours un peu confus, je réagis de la meilleure façon que je connaissais.

J'appelais Annie.

« Oui, Allo ? » fit celle-ci.

« Annie… désolé de te déranger à nouveau, j'ai besoin de ton éclairage, sur ce qu'à pu me dire un psychologue. »

Dans sa grande politesse, je cru sentir qu'Annie retenu un soupir découragé. Elle m'écouta jusqu'au bout. Je savais qu'elle était une bonne amie, car face à un grand anxieux comme moi. Elle écoutais réellement mes inquiétudes, reformulant, dédramatisant, apportant son expérience.

« Ce psychologue veut certainement te faire prendre conscience de mauvais schémas de pensées. Je te connais, je sais que tu te concentre sur le négatif, et que tu te mésestime parfois.

Le problème, c'est que , si tu renvoies une image négative, pessimiste. Et si tu ne crois pas en tes capacités, les autres vont peut-être te fuir, car l'être humain déteste ça.

Les hommes politiques sont des professionnels à ce sujet. Ils écrivent et réécrivent des heures et des heures leurs discours pour qu'il soit le plus optimiste et engageant possible. Ils sont certes démagogiques parfois. Mais au moins, ils emmènent les foules avec eux, et c'est là leur objectif principal. »

Je reconnaissant bien mon amie dans cette réponse. Je pensais à nouveau avoir de la chance d'avoir à mes côtés quelqu'un qui me connaissait si bien, si cultivée. Elle savait les leviers d'actions pour couper mes ruminations et pensées multiples, en arborescence.

Comme elle me l'avait déjà expliquée. Ces pensées qui partaient dans toutes les directions. C'était une chance, une preuve d'un grand esprit analytique et d'une grande créativité. Mais c'était aussi mon fardeau. Une hypersensibilité qui parfois me dépassait moi-même et m'empêchait d'être heureux, ce qui, effet boule de neige, dégradait toutes mes relations et ma confiance en moi. Comme elle me l'expliquait en ce moment.

« Tu vas t'en sortir Bastien ! » elle haussa subitement le ton

« Tu es intelligent, spontané, tu as des atouts indéniables. C'est sans doute ce qu'a voulu dire ton psychologue.

Mais si tu rumine autant ça va jouer contre toi-même. Concentre-toi sur des objectifs plus simple et tient bon la barre. Moi je crois en toi. »

Cet encouragement me fis chaud au cœur. Et je ressenti des papillons dans le ventre. Des larmes pointèrent à mes yeux. Cet échange me confirmait l'importance de conserver et entretenir les belles amitiés, les plus pures. Sans mauvaises intentions, un cadre et un chemin de vie pourtant différent. Mais l'amitié explosait ce genre de barrière.

Cela me rappelait une citation du petit Prince. Que je gardait comme un mantra dans mon existence :

Je vous cite :

« Créer des liens ?

- Bien sûr, dit le renard. Tu n'es encore pour moi qu'un petit garçon tout semblable à cent mille petits garçons. Et je n'ai pas besoin de toi. Et tu n'as pas besoin de moi non plus. Je ne suis pour toi qu'un renard semblable à cent mille renards. Mais, si tu m'apprivoises, nous aurons besoin l'un de l'autre. Tu seras pour moi unique au monde. Je serai pour toi unique au monde »

Je ne me lasserais donc jamais de lui demander de l'aide, et de partager des moments légers avec elle. Son absence me manquait.

Je voulais garder ce lien unique. Et je me rendais compte que j'avais été une fois encore un peu égoïste. Je ne lui avait même pas demandé comment elle allait, et ce qu'elle faisait en ce moment. Quel goujat !

Et en même temps. Annie ne semblait jamais avoir besoin d'aide. Elle cheminait vaillamment dans sa vie. Sans assistance ni dépendance. Elle m'impressionnait, elle était un modèle pour moi.

« Ce que je fais en ce moment ? » Elle fut surprise de cette question.

« Euh, j'ai un article à écrire sur l'industrie pharmaceutique, comment et pourquoi sont fait les médicaments. »

Cela ne m'étonnais pas d'elle. En bonne hyperactive, elle multipliait les sujets pourtant antinomiques. Sans trahir sa plume et son regard. Vulgarisant avec style et facilité des sujets complexes et clivants.

« Une des anecdotes un peu folle de l'industrie pharmaceutique : les placebos existent vraiment. » Elle avait, encore une fois, du feu dans la voie.

« Ils servent de 2 choses : étalonner l'effet des médicaments faisant une réel différence sur l'état de santé. Mais aussi, "contrôler" les hypocondriaques à l'hôpital. En fait, on peut même savoir si quelqu'un souffre réellement avec des placébos.
Je ne vais pas te faire un cours complexe et technique sur la biostatistique et le management de la santé, mais j'étais surprises de mes découvertes !

Heureusement, en France, nous sommes encore sous le coup de la solidarité de notre système de santé. Pour combien de temps encore ? Longtemps j'espère. J'aimerais tellement être plus optimiste. J'espère que l'on ne copiera jamais le système américain. Que l'on va se tourner de plus en plus vers les solutions non médicamenteuses, la phytothérapie etc.

L'innovation, surtout en santé, est lente. Les gens ne sont pas fan du changement lorsque la santé est en jeu. Pourtant, il y a tant de progrès à faire dans le domaine.

Tu vois, j'ai cru découvrir quelque-chose de fou. Mais ce système existe depuis très longtemps. Et les progrès médicamenteux sont finalement léger. Faut-il former mieux ? Mettre plus de moyens ? Copier les pays les plus en avance ? Faire des groupes de parole ? Réclamer plus de transparence ?

C'est passionnant, plus j'avance et plus j'ai envie d'interviewer plus de personnes et de pousser plus avant mes recherches. »

Je décidais de la laisser là avant qu'elle ne m'occupe toute ma matinée en débat »

« Je lirais ton article Annie » Dis-je, pensant qu'il faudrait que je le note dans mon agenda, pour le faire réellement. Que cela ne reste pas à l'état de promesse.
« Bisous, prends soin de toi. »

Et je raccrochais, prêt à me focaliser à nouveau. Progresser et avancer, c'est tout ce qui comptais.

Où en étais mon devoir sur Walter d'ailleurs ??

Explications de ce chapitre :

Le héros est ici confus et honteux, comme la Samaritaine du chapitre de Jean 4. Il a besoin d'un suivi psychologique, car il remet en cause encore une fois son existence et sa place dans la société.

Qu'est-ce qui aide la samaritaine à surmonter la honte, le doute, et à écouter le Christ ? voir à lui confier des aspects honteux et intimes de son existence.

C'est la promesse de l'eau vive, la foi dans la parole qui ne se tari jamais. La foi en effet sera la seul chose capable d'apaiser vos souffrances et votre honte a certains moments de votre vie.

Je l'ai expérimenté à titre personnel, et peut vous assurer que la méditation, la philosophie, la sophrologie aident à court terme bien entendu, qu'il faut se confier et s'abandonner à des personnes bienveillantes lorsque c'est nécessaire, je ne dis pas le contraire. Mais, il faut aussi prier et confier sa honte au père céleste car cela vous rétablira à long terme dans votre existence.

Cette eau vive, cette foi et promesse du royaume éternel vont vous sanctifier et vous soigner vos peines et vos blessures.

Genèse 3

« Le serpent était le plus rusé de tous les animaux des champs, que l'Eternel Dieu avait faits. Il dit à la femme: Dieu a-t-il réellement dit: Vous ne mangerez pas de tous les arbres du jardin? La femme répondit au serpent: Nous mangeons du fruit des arbres du jardin. Mais quant au fruit de l'arbre qui est au milieu du jardin, Dieu a dit: Vous n'en mangerez point et vous n'y toucherez point, de peur que vous ne mouriez. Alors le serpent dit à la femme: Vous ne mourrez point; mais Dieu sait que, le jour où vous en mangerez, vos yeux s'ouvriront, et que vous serez comme des dieux, connaissant le bien et le mal. La femme vit que l'arbre était bon à manger et agréable à la vue, et qu'il était précieux pour ouvrir l'intelligence; elle prit de son fruit, et en mangea; elle en donna aussi à son mari, qui était auprès d'elle, et il en mangea. Les yeux de l'un et de l'autre s'ouvrirent, ils connurent qu'ils étaient nus, et ayant cousu des feuilles de figuier, ils s'en firent des ceintures.

Alors ils entendirent la voix de l'Eternel Dieu, qui parcourait le jardin vers le soir, et l'homme et sa femme se cachèrent loin de la face de l'Eternel Dieu, au milieu des arbres du jardin. Mais l'Eternel Dieu appela l'homme, et lui dit: Où es-tu? Il répondit: J'ai entendu ta voix dans le jardin, et j'ai eu peur, parce que je suis nu, et je me suis caché. Et l'Eternel Dieu dit: Qui t'a appris que tu es nu? Est-ce que tu as mangé de l'arbre dont je t'avais défendu de manger? L'homme répondit: La femme que tu as mise auprès de moi m'a donné de l'arbre, et j'en ai mangé. Et l'Eternel Dieu dit à la femme: Pourquoi as-tu fait cela? La femme répondit: Le serpent m'a séduite, et j'en ai mangé.

L'Eternel Dieu dit au serpent: Puisque tu as fait cela, tu seras maudit entre tout le bétail et entre tous les animaux des champs, tu marcheras sur ton ventre, et tu mangeras de la poussière tous les jours de ta vie.

Je mettrai inimitié entre toi et la femme, entre ta postérité et sa postérité: celle-ci t'écrasera la tête, et tu lui blesseras le talon.

Il dit à la femme: J'augmenterai la souffrance de tes grossesses, tu enfanteras avec douleur, et tes désirs se porteront vers ton mari, mais il dominera sur toi.

Il dit à l'homme: Puisque tu as écouté la voix de ta femme, et que tu as mangé de l'arbre au sujet duquel je t'avais donné cet ordre: Tu n'en mangeras point! le sol sera maudit à cause de toi. C'est à force de peine que tu en tireras ta nourriture tous les jours de ta vie,

il te produira des épines et des ronces, et tu mangeras de l'herbe des champs.

C'est à la sueur de ton visage que tu mangeras du pain, jusqu'à ce que tu retournes dans la terre, d'où tu as été pris; car tu es poussière, et tu retourneras dans la poussière.

Adam donna à sa femme le nom d'Eve: car elle a été la mère de tous les vivants.

L'Eternel Dieu fit à Adam et à sa femme des habits de peau, et il les en revêtit.

L'Eternel Dieu dit: Voici, l'homme est devenu comme l'un de nous, pour la connaissance du bien et du mal. Empêchons-le maintenant d'avancer sa main, de prendre de l'arbre de vie, d'en manger, et de vivre éternellement. Et l'Eternel Dieu le chassa du jardin d'Eden, pour qu'il cultivât la terre, d'où il avait été pris. C'est ainsi qu'il chassa Adam; et il mit à l'orient du jardin d'Eden les chérubins qui agitent une épée flamboyante, pour garder le chemin de l'arbre de vie. »

Chapitre 8 : Walter

Le début de l'enquête

Walter avait injecté des milliers, non plutôt des millions dans ses laboratoires de recherches et développement.

Il espérait énormément des innovations que ses ingénieurs allait lui présenter aujourd'hui.

Cellules génétiquement modifiés, injectées dans la moelle épinière. Le cerveau tourne plus vite, plus irrigué, la mémoire et les capacités cognitives sont multipliées par dix.

Pour le psychisme, et la gestion du stress, nous avons cultivé un champignon rare qui permet d'avoir des nuits pleines de rêve et ainsi expulser et oublier les pensées parasites ou un passé douloureux. Tout ce qui pourrait ralentir l'humain était mis de côté grâce à cette découverte.

Ensuite, drogue caféiné aux effets chroniques, sans grands effets secondaires, en tout cas pas à J+15, pour ce qu'on en sait. Pour ne pas sentir ni la fatigue, ni la douleur

Ensuite, armature robotique attachées solidement pour soulever des poids défiant l'imagination humaine

« Il faut tout de même que vous sachiez une chose, sur la high-tech »

Fit savoir le chef de service

« Les IA et l'électronique, l' 'internet of things'. Tous ces gadgets ont été très bien vendus par nos campagnes marketings, et vous semblez persuadé que ces technologies vont révolutionner vos vies. »

Il prit un air soucieux, comme un enfant qui doit annoncer une bêtise à ses parents.

« Le numérique et les cartographies digitales, ont tendances à créer des catégories pour prédire les événements futurs et minimiser les erreurs, obtenir un intervalle de confiance très stable si vous préférez. C'est le fantasme de tout bon statisticien au fonds . »

« Et alors ? » Demanda Walter, agacé que son employeur le plus cher payé ne tourne autant autours du pots.

« Ces technologies futuristes » répondit le vielle homme en tenue de service

« Elle révèlent un taux de faux positifs à … 30 % »

Walter manqua de s'étrangler, toute sa fortune était passée dans ces innovations, il attendait un retour sur investissement avec tellement d'impatience. Et rêvait depuis si longtemps de poser le logo de son entreprise sur ses propres produits.

Et voilà qu'on lui annonçait, en somme, que l'argent ne peux pas assurer la perfection. Il bouillonnait littéralement de l'intérieur.

Le point de vue du chef de projet

20 ans de carrière dans la recherche et le développement, Marc, le chef de projet des industries Walter. Avait déjà connu ces colères.

Que ce soient ces subordonnés ou la hiérarchie supérieur, tous s'emballaient fortement au lancement des recherches, et déchantaient au fur et à mesure.

Lui, ne faisaient plus cette erreur avec l'expérience. Il menait ses lignes de production d'une main de maitre. Comblais les jalons et les deadlines en temps et en heure. Il avait plusieurs sociétés à gérer mais y arrivait sans problème. Quand on lui posait la question, de comment il faisaient. Il répondait que tout est possible avec de l'organisation et du sérieux. Il donnait beaucoup de formations à ce sujets, aux industriels les plus influents de sa région.

Il connaissait donc bien le problème avec le big Data,

Les solutions qu'il avait mises en place consistait en fait surtout à : ranger ses dossiers, ses mails, car le temps est le nerf de la guerre, tout le monde veut gagner du temps, dans cette société.

C'est le fameux Triptyque vélocité, véracité et volume.

Marc croyais dur comme fer à ce triptyque. Pour approcher la vérité, il fallait la bonne variable, au bon moment, et ne pas la perdre dans la masse. En gros, en marketing, cela donnait : le bon produit, pour la bonne personne, au bon moment. C'est un exemple qu'il prenait beaucoup pour expliquer ce qu'était l'intelligence artificielle à ses yeux.

Par exemple, un dénommé Bastien, sur son moniteur en ce moment même, allait recevoir de la pub pour une gamme d'anti-stress et anti-insomnie hyperefficaces, et sans trop d'effets secondaire dérangeant.

Certes, Marc avait conscience d'être devenu obsessionnel, et dépendant de cette technologie. Faisant parfois passer les considérations humaines au second plan. Mais il pensait que l'avenir de l'humanité se trouvait là. Et ne lâcherai ce projet pour rien au monde, quitte à angoisser encore longtemps de perdre des données cruciales, le fruit de son travail, et de finir complétement geek-névrosé auprès de ses amis. Dans le contrôle des autres, comme un conseiller pôle emploi ou un enseignant… ce qui n'étais pas spécialement sain pour lui.

L'informatique avait, selon lui, surtout cette fonction-là. Comme un établis bien ranger et bien ordonner donne plus envie de travailler et augmente la production, l'informatique fait gagner, et non pas perdre comme beaucoup de personnes peuvent le penser, du temps.

Et moi, dans tout ça

Je me rendis compte d'une chose intéressante, je m'étais concentré sur le cas Walter toute la semaine. Et la logique, selon moi, aurait voulu que, me concentrer sur un cas de présumé criminel tous les jours auraient finis par jouer sur mon propre moral, me consommer mon énergie mentale.

Mais non, pas tant que cela.

Paradoxalement, mon anxiété diminua au cours de l'étude de son dossier. Pourquoi ?

Peut-être que le travail de fourmi me convenait, cette impression d'augmenter drastiquement son expertise, ses compétences juridiques et analytiques profondes. Comme une recette de cuisine, il suffisait de réunir les ingrédients : mobile, personnes, lieux. De mettre en place la méthode : qui, quoi, quand, comment, ou, pourquoi ? pour arriver à 'pincer' sa cible. Et enfin de la mettre en pratique, intervenir bien sûr ! La recette étant particulièrement réussie, si on ne déclarai aucune casse, matérielle ou humaine d'ailleurs. Si l'intervention était économe, efficace, sécuritaire, et permettais de resserrer les liens d'équipe, alors vous aviez gagné le droit de frimer auprès du département qualité, et accessoirement de vous féliciter, vous dire que vous êtes un bon agent, et frimer sur le CV, quitte à décidément passer pour un grand vantard.

Mais qu'est-ce qui diminuait vraiment mon anxiété là-dedans ?

Difficile à dire, l'impression d'être un James-Bond doublé d'un MacGuyver du crime. Le clavier et l'écran, qui me confortais dans mes habitudes geek, et me permettais de faire jouer un fond sonore en arrière-plan.

Ou peut-être mes intentions étaient moins louables que je me le faisais dire.

Explications de ce chapitre :

L'origine du mal et du pêcher est la consommation du fruit défendu par Adam. La méchanceté et la corruption de l'homme ont cette origine-là. Il faut le savoir et lutter contre cette aspiration à vouloir l'intelligence et ce qui n'est pas bon aux yeux de DIEU.

Genèse 1 26 :31

« Puis Dieu dit: Faisons l'homme à notre image, selon notre ressemblance, et qu'il domine sur les poissons de la mer, sur les oiseaux du ciel, sur le bétail, sur toute la terre, et sur tous les reptiles qui rampent sur la terre.

Dieu créa l'homme à son image, il le créa à l'image de Dieu, il créa l'homme et la femme. Dieu les bénit, et Dieu leur dit: Soyez féconds, multipliez, remplissez la terre, et l'assujettissez; et dominez sur les poissons de la mer, sur les oiseaux du ciel, et sur tout animal qui se meut sur la terre.

Et Dieu dit: Voici, je vous donne toute herbe portant de la semence et qui est à la surface de toute la terre, et tout arbre ayant en lui du fruit d'arbre et portant de la semence: ce sera votre nourriture.

Et à tout animal de la terre, à tout oiseau du ciel, et à tout ce qui se meut sur la terre, ayant en soi un souffle de vie, je donne toute herbe verte pour nourriture. Et cela fut ainsi. Dieu vit tout ce qu'il avait fait et voici, cela était très bon. Ainsi, il y eut un soir, et il y eut un matin: ce fut le sixième jour. »

Chapitre 9 : 'Nous allons t'améliorer'

Je pouvais donc être fier ? ça y est ? j'avais passé la sélection ?

Je regardais les gens autour de moi. Il y avait de tout, de tout âge, toute morphologie, toutes les attitudes existantes semblaient également ici : de l'excitation contrainte, au calme visible, en passant par … Je pensais alors qu'il valait mieux se concentrer et je remis mon attention sur les formateurs.

Mais je ne pouvais empêcher une pensée de profonde satisfaction et gratitude envers moi-même. J'y étais parvenu, je n'étais pas plus bête qu'un autre. Je pouvais apporter ma brique à la construction. Voulez-vous d'autres métaphores ou le message est passé ?

« Bien sûr ne penser pas non plus votre place acquise, il faut dans ce métier, savoir se remettre en question. »

C'était encore une fois un trop plein, je repensais au psy et pensais que j'avais du mal à extirpé un avis et une position propre de cette marée d'informations. Résumons donc mes valeurs à moi, avec calme et sérénité !

Je pensais au passage qu'Annie dirait à cet instant que je suis un 'bobo inconscient de ses privilèges, qui crée son propre malheur, cette pensée fit naitre des sentiments ambivalent en moi. Je pensais que ce genre de pensée arrivaient toujours à des moments inattendus, et que je me laissait facilement distraire.

Que des philosophes avaient tenté de définir bonheur et malheur, que ceux-ci n'étaient pas toujours liés à la richesse matérielle ou à l'intelligence ; qu'ils avaient même demandés à des gens de noter leur bonheur de 0 à 10, et que des réfugiés de guerre par exemple notais leur bonheur à des valeurs dont on pourrait s'étonner qu'elle soient aussi hautes. Comme quoi !

En fouillant dans les dossiers d'affaires de la police, je m'étais rendu compte, dans que beaucoup de 'cas concrets', la religion menait à des cas de fanatisme… Si je me choisissais des valeurs sur cette base, il fallait donc faire attention à ne pas virer trop fort ou trop vite dans des convictions intenses.

Pourtant certaines valeurs religieuses m'intéressaient. Moi qui m'interrogeait régulièrement sur ma place et mon rôle dans la société, la religion apportait des réponses concrètes et finies là-dessus. Que Dieu aime chaque homme individuellement et à un rôle pour chacun sur Terre malgré l'aspect souffrant de l'existence. Et la corruption de ce monde même pour certains prêtres dans beaucoup de religions. Pas d'angoisse pour son plan d'existence à ce compte-là !

Je comprenais donc la ferveur de certains religieux, et pourquoi d'autres amis pensait qu'il s'agissait d « imbéciles heureux qui se mettent en danger ».

Mes valeurs à moi devaient donc comprendre d'aimer et d'aider les autres avec empathie, sans l'aide de la religion. Après tout je pouvais toujours faire le pari de Pascal : si Dieu existe, alors je dois mener une vie vertueuse et je serai récompensé. Si Dieu n'existe pas je n'ai rien à perdre à mener une vie vertueuse, car les gens que j'aiderais me le rendrons forcement d'une manière ou d'une autre.

J'étais plutôt satisfait d'avoir cette base religio-philosophique lorsque je devais reprendre un projet à 0. Les sagesses anciennes avaient beaucoup de bons.

Cependant que je me perdais dans ces pensées à nouveau, on appelais pour les entretiens individuels.

« Bonne chance », me lança un candidat avec un clin d'œil faussement enthousiaste, dont je pouvais sentir le stress d'ici. Un mélange de parfum bon marché et d'odeur de mousse à raser, preuve qu'il avait fait les derniers préparatifs possibles à son entretiens.

J'allais donc à nouveau rencontrer une sorte de conseiller d'orientation… au moins à force d'avoir plusieurs point de vue, j'allais pouvoir me créer une identité solide ! Piochant dans un peu tous les points de vue.

Rebelotte donc, bureau impeccablement nettoyé, impeccablement rangé. Conseiller en blaster costume neuf… en imposer pour ne pas avoir à imposer, de nouveau cette rengaine, mais avec plus de budget cette fois-ci. Celui-ci parlais d'une voix calme et profonde qui me berçait un peu.

« Je vois que vous avez des références intéressantes ! en termes d'études comme de travail, même si vous manquer d'expérience, il faut toujours se lancer un jour ou l'autre.

Cependant je ne comprends pas, vous êtes passé par un cursus général ambitieux, avec mention en plus ! vous n'avez pas lésiné sur les expériences de travail. Et mes collègues vous décrivent comme paresseux. »

Aïe, un coup de poing dans mon égo, à nouveau.

« Ne croyez pas que les fonctionnaires soient des tire-au-flanc. Vous avez peut-être entendu cela quelque part. C'est faux, les fonctionnaires, même les grattes papiers, ne comptes pas leurs heures et travaillent d'arrachepied ! »

« Oui monsieur ! » fis-je en déglutissant, stressé.

« La question est de savoir pourquoi flanche votre motivation, pour ne pas aller au burn-out ! Je vous confie le cas Walter pour voir ce que vous en faites, je joue carte sur table avec vous, ça va nous permettre de vous tester. Ainsi nous espérons des initiatives, de l'intelligence et du bon sens de votre part. On vous donne un dossier standard alors ne nous décevez pas»

Je déglutit à nouveau, je me massais discrètement la paume de main et tentais de m'ancrer chez Annie pour faire tomber la pression soudaine que l'on mettais sur mes épaules, avais-je toutes les ressources vraiment pour traiter ce cas. On ne savais pas grand-chose de ce 'Walter'. J'avais évidement 'Googliser' son nom et cherché dans son entourage proche, j'avais surveillé ses dépenses. Le bougre était malin, il ne laissait pas de traces numériques si énorme. Il n'allait pas me simplifier la vie.

Je tenter de m'ancrer à l'instant présent différemment. Je pensais à mon futur appartement, le même que designer dans les Sims. C'était mon petit rituel de performance à moi.

Je m'imaginais dans cet appartement, un fond de jazz, un cigare ou un verre de bourbon à la main, ma plaque de détective privé à l'entrée. Mon téléphone qui n'arrêtais pas de sonner, c'étaient mes indics qui me relevait des infos toutes chaudes. Puissance, pouvoir… décidément j'étais un peut-être border masculinité toxique... j'en parlerais à Annie à l'occasion. Et en même temps c'était un peu pour la reconquérir au fond de moi que je voulais ces marques de richesses et de réussite. Donc je n'étais pas tant mauvais que ça, si ?

Le responsable ressources humaines continuait à me dévisager. J'étais certain qu'il cherchait à décrypter ma communication non verbale, les signes d'anxiété. Je pris donc la position la plus dynamique et sur de moi possible. Bon sang je devais avoir l'air constipé ! Ne pas pensez à ça, s'ancrer dans ses fantasmes, avoir l'air serein, concentré, c'est tout ce qui comptais à cet instant.

« Bien sur l'équipe qu'on va vous dégoter est jeune et dynamique, disruptive si je peux oser le termes. Ils sont formés à toutes les nouvelles techniques d'investigation. Et ils ont, comme vous j'espère, une vocation sans faille à coincer ce sale type.

Ce ne sont pas forcément que des hauts diplômés vous savez, j'aime à croire que l'expérience du terrain et la Niack vaut toute la théorie du monde. Les gens connaissent tous l'envers du décors ici, ils ne sont pas si impressionnables que ça, si vous essayer de vous la jouer consultant prétentieux ils risquent de vous renvoyer dans vos 22 »

Encore une expression rugbystique, c'était décidément une marotte pour eux !

Le responsable RH me souris finalement, nous étions surement passé à la phase sympathique de l'entretien

« Vous savez vous aller aussi voir et entendre des choses croustillantes dans votre service, il faudra les garder secrète. Mais il est humain de vouloir connaitre le dernier potin ou ragot qui circule »

Effectivement, une feignasse comme moi avec besoin de la carotte avec le bâton, il m'avait bien cerné sur ce coup. Peut-être n'étais-je pas si un original que cela. J'avais besoin de bons repas et de ragots croustillants dans mon travail... et je ne doutais pas que j'allais en avoir ici.

Dans le laboratoire

On me fit ensuite descendre dans une salle qui inspirais l'aseptise et les protocoles de laboratoire.

On m'invita à m'assoir face à un professeur, qui me tendis un affiche étrange. Elle détaillais le corps humain, les différents systèmes biologiques.. Et comment le professeur pouvait m'aider à 'améliorer' mes capacités au combat.

Tout y passait, tous les appareils du digestif au nerveux.

Tout cela m'effrayait pas mal, et je me questionnait sur l'éthique de toutes ces manœuvre. Mais surtout, je m'inquiétais de voir que le professeur semblait parfaitement à l'aise avec ce procédé.

« Vous souhaitez une amélioration en particulier ? le système cardio-vasculaire est très demandé »

Cette conversation devenait glauque à mes yeux, étais-ce sérieux, ou étais-ce une manœuvre de sélection ? afin de voir ce que nous pouvions accepter. Je ne le saurais qu'en fin de sélection.

Le professeur attendait ma réponse, me fixant à travers ses lunettes rondes.

« Je vais décliner vos propositions, je n'aime pas l'idée qu'on modifie mon corps. Et je m'aime comme je suis »

Le professeur me fit un large sourire.

« C'est tout a votre honneur, bon courage pour la suite ! »

Et il se remis à ces affaires comme si tout ceci était parfaitement normal. Cette sélection me laissait de plus en plus perplexe, mais je devais aller au bout.

Chez le Psychologue, une dernière fois

« L'inspectrice Kamilah et le caporal-chef m'ont transmis leurs observations »
Comme quoi, les hauts gradés observent toujours, même lorsqu'on ne s'y attend pas.
« Leurs verdicts est sans appel, vous intellectualisez trop. Pour nous être utile, et répondre à nos critères, il vous faudra assimiler les bons gestes jusqu'à ce que ce soit automatique ».

« Notre conclusion, basée sur une concertation commune : Je vous lis

Les personnes comme Bastien ont besoin d'avoir des connaissances théoriques pour agir. Ce sont des personnes qui observent. Leur principale compétence tient à la compréhension qu'elles ont des phénomènes. Elles aiment bien se laisser absorber dans leurs réflexions. Elles aiment jouer avec les idées. Elles valorisent le savoir. Ces personnes sont critiques, curieuses, soucieuses de se renseigner, calmes, réservées, persévérantes, tolérantes, prudentes dans leurs jugements, logiques, objectives, rigoureuses, intellectuelles. Elles apprécient de faire de longues études. Elles sont en apprentissage continu. »

Le psychologue me fit un grand sourire rassurant, et ajouta enfin

« J'espère que tout ira bien pour vous, je suis disponible si vous avez besoin. Bon courage, dans la voie et la vie que vous avez choisie »

Je sortais de son bureau cette fois plutôt confiant et rassurer. Cette fois, la thérapie allait tenir plus longtemps je le sentais. J'allais me sentir utile, vaillant et persévérant !

Explications de ce chapitre :

Chérissez simplement ce qui vous a été donné par l'éternel. Car cela est parfait, à l'image du créateur.

Ayez confiance en vous, ayez de l'estime pour vous-même. Car vous êtes le fruit de ce qui a été conçu par l'éternel.

Romains 6:23 « Car le salaire du péché, c'est la mort; mais le don gratuit de Dieu, c'est la vie éternelle en Jésus-Christ notre Seigneur. »

Chapitre 10 : Poursuite et ... victoire ?

Point de vue de l'inspectrice Kamilah

Mme Kamilah trépignait, Walter en liberté, elle se disait au fond d'elle qu'elle aurait dû mettre toute son énergie à son arrestation. Foi de police, cet homme et sa misanthropie exponentielle, allait commettre un délit grave, bientôt. Elle le savait, elle le sentais !

Mais ses effectifs habituels étaient diminués, et voici qu'on lui avait mis des rookies entre les pattes. Certes, ces jeunes avait sans doute plus d'énergie que certains vieux briscards ici. Mais il leur manquait des heures de formation déjà, mais surtout l'expérience du terrain ! ce qui primait avant toute chose pour elle.

Bon, au moins elle avait une floppé de jeunes, des intellectuels comme des sanguins. Elle regarda les conclusions de chacun. Prête à dégainer le stylo rouge, mais aussi intrigué de voir s'il y avait, d'une part du progrès depuis leurs arrivées, d'autre part des conclusions intéressantes sur le cas 'Walter'. Elle s'était inspirée du film 'la stratégie Ender'. Elle avait fait passer un cas véritable pour un exercice, un coup de poker, destiné à voir si les bleus était prêt pour le terrain, et avait bien compris les enjeux dans ce cas présent. Elle espérait peut-être trop… mais ne pouvait pas tergiverser encore longtemps.

Elle rattacha ses cheveux en chignon, mis de l'ordre dans ses dossiers, mis une pancarte 'ne pas déranger'. Et se prépara un document pour noter la meilleure piste à ce jour, le temps était compté maintenant.

Après avoir feuilleté des montagnes de conclusions différentes, elle s'étira et se pris un bon café, et alla prendre l'air, plutôt satisfaite.

Les jeunots semblaient d'accord sur plusieurs points. Walter étant un self-made-man à l'américaine, on pouvait le coffrer sur de l'illégalité fiscale, en cherchant bien. C'était certain. Il y avait un certain décalage visible entre sa fortune et ses activités.

De plus, il ne déclarait certainement pas toutes ses firmes, et les entrepôts désaffectés le long du canal avait été pointés par un certain 'Bastien' comme point de chute possible. Bastien avait eu un flair remarquable sur ce coup-là. Elle n'y avait pas bien pensée encore, mais les nouvelles boites implantées ici n'avait pas été contrôlées depuis longtemps. Et pourtant, elle enregistraient des recettes records, et étaient félicitées par le maire lui-même. Mais s'il y avait corruption auprès de la mairie, ce qu'elle n'avait pas encore envisagée, cela pouvait être une plaque tournante de la recherche underground de ce dangereux mélomane.

Quant à ce qu'il cherchait à faire des découpeurs de génome CRISPR cas-9, elle n'avait rien dégager de très concluant. Les jeunots manquaient de bases en biologie ou même d'imagination à ce sujet. Avec son équipe, elle avait conclue à probablement des plants de marijuana transgénique, plus productifs et plus résistant que la moyenne. Mais en réalité, le mystère restait entier.

En résumé, Elle était tout de même satisfaite, et allait mettre des notes plutôt correcte. Il faut bien une carotte au bout du bâton.

Ses équipes étaient parer, les jeunes recrue allait avoir de l'action, une intervention bien musclée. Elle savoura son café en regardant la campagne au loin. Pour elle, c'était la recette de la réussite de sa caserne : un environnement idéal, des équipes expérimentées mais qui savent se remettre en question, de la formation continue. Elle était satisfaite, et allait peut-être l'être plus encore, à l'issue de l'investigation qu'elle allait mener ce soir !

Mais elle se pinça tout de même les lèvres. Elle n'était pas en parfaite paix intérieure, le fait de se presser ainsi l'obligeait à des méthodes qu'elle n'appréciait pas.

En posant un œil sur l'activité de la caserne, grouillante comme à l'accoutumé. Elle mettais parfaitement le doigt dessus. En temps normal, les enseignants traçaient des courbes de progressions, aidaient les recrues à se projeter et à définir leur carrière. Elle et ses collègues discutaient des meilleurs cas, pour faire des simulations, ajuster aussi les entrainements physiques et les cas d'école aux observations des années précédentes.

Ce satané Walter la forçais à bousculer ses principes et ses méthodes habituelles. Elle n'avait hâte que d'une chose, le mettre au froid pour un bon moment.

Je me réarmais ce matin, les étagères, avec l'équipements et fit la vérification des véhicules.

Ça me rappelait la session de recrutement, et je pensais joyeux qu'on me prenais enfin pour un adulte ! un vrai agent ! D'ailleurs personne autour de moi ne me faisait de remarque, était-ce parce qu'ils étaient affairés à autre-chose ? sans doute. Mais je préférais penser que je faisais bien les choses, pour mon égo et mon anxiété naturelle, c'était mieux. Annie aurait été sans doute fière de moi, j'avais peut-être une chance de la reconquérir avec tant de prestige. Cette pensée me fit bomber le torse.

Cette caserne fonctionnelle et froide, véhicules et uniformes alignés, aurait refroidi plus d'une personne, mais je me sentais conquérant et sur de moi dans cette environnement, à ma place !

Walter Industrie

Bastien était, pardonnez l'expression, sur le cul.

Il n'aurait jamais imaginé que sa petite équipe d'intervention soit finalement devant le fameux Walter.

Après toute les divagations : sur où il pouvait se trouver, et toutes les théories farfelus qu'ils avaient monté ensemble : Dans les bars, dans les discothèques, dans les entrepôts désaffectés, dans la campagne, dans un Bunker.... Plutôt des clichés d'adolescent qu'autre-chose finalement.

La solution était en réalité d'une solution déconcertante. Walter avait toujours été dans son bureau de PDG. Là où on ne s'attendais pas à le trouver, tout simplement.

Sa soi-disant 'Walter industrials entreprise' qui soi-disant, vendait des lames pour microscope, basiques, avec simplement un frottis sanguin de moutons dessus.

Et qui soi-disant, exportait sa production en direction des lycées et collèges de la région. A des fins pédagogiques qu'il disait, le bon Walter.

C'est donc ici que se concentrait, toute la recherche autours du clonage. De l'humanité augmentée.

Léo lançais des regards perplexes autours de lui. Il ne semblait pas vouloir ouvrir tout de suite les frigos alignés, de peur de découvrir quelque-chose de traumatisant. Et je le rejoignait, sur ce point.

« Tu vois » me dit il l'air concerné

« Nous aurions dû attendre les cours de self défense. Je ne doute pas de notre bonne volonté, mais plutôt de notre force physique »

Il me montra ses bras l'air de dire : tu vois ? un moustique m'aurait piqué à cet endroit, et bien ça aurait eu l'air bien plus impressionnant qu'actuellement.

« Oui » lui répondis-je, à l'affut de tout bruit suspect

« Mais quitte à être ici, autant aller de l'avant ! »

Nous avancions donc dans cette usine, ça ne me rappelais pas spécialement de bons souvenirs. Je me souvenais plutôt de quand je travaillais en intérim, à la chaine, pour une misère. Tout était agencé pour que l'ouvrier ne perdre pas sa concentration.

A un détail près, il s'agissait ici de biotechnologies. Et de bio-informatique. Et je ne crois pas que Walter ait eu un jour le brevet pour ce qu'il fabriquait ici.

« Au moins, aux étages, nous allons rentrer dans un lieu plus causi. » Dit Léo en désignant l'escalier. Qui me semblait à une éternité de marche.

« Je pense qu'on a cerné le bonhomme, il aime les signes extérieurs de richesse et le m'a-tu-vu. A mon avis, les étages sont réservés à son élite. Donc je parie sur un style beaucoup plus art nouveau »

Mon ami avait raison de décompenser à cet instant. Nous étions vraiment la chair à canon. Nous allions risquer d'essuyer les pots cassés.

Mais je me rendait compte de ce que voulais signifier Annie, brusquement, dans cette situation. A propos de la masculinité toxique, et des petits pouvoirs. Cet homme en était l'incarnation la plus démonstrative

Rester dans les limites de ses compétences

Je voyais cependant bien que Léo commençais à montrer des signes de doutes.
Il ne tarda pas à me les confier.

« Je crois que nous ne sommes vraiment pas les plus à même de mener cette arrestation a bien ! Nous sommes trois, jeunes et débutants. Je comprends ton envie, de montrer que tu t'impliques, et que tu es proactif. Pour prendre du grade. Mais si on se mets en danger
...
On va juste au-devant de catastrophes.

Tu sais, même les vieux loups ne fonctionne pas tout seul, ils ont un réseau d'indics et de personnes ressources. Et ils préparent ce genre de prise au moins une semaine à l'avance pour être sûr de ne pas se louper.

Ne soit pas têtu. Tu auras tout le loisir de te faire un cv en or dans quelques années avec quelques grades supplémentaires et des agents pour t'aider. Personne dans la police ne finit avec aucune histoire à dire au coin du feu. »

Je sentais mon ventre faire des loopings à mesure que j'entendais mon partenaire me lâcher si près du but. J'étais en colère contre lui, avec ses idéaux, qui était le premier à dire qu'il fallait coincer ce type au plus vite.

Je ne me sentais vraiment pas d'abandonner si près du but. Tout concordait pour pincer Walter. La situation était certes stressante. Mais la peur n'évite pas le danger. Et il fallait bien se mouiller un jour pour prouver sa valeur.

« Abandonne-moi donc si tu as le sentiment que nous allons échouer. Je continue personnellement. »

Cette phrase claqua dans le silence comme un fouet. Je m'en voulais un peu de ne pas écouter mon partenaire. Mais j'étais déterminer sur ce coup

Leo soupira et sa mine se déconfit.

« J'espère que le karma est de ton côté partenaire. On se fera une bonne bière bien fraîche a ton retour. »

Le problème étant que je ne croyais pas au karma et je doutais de l'existence d'un Dieu.
Mon estomac allait se serrer plus encore, à mesure de ma progression dans les étages.
En espérant que ce soit le seul organe malmené... bigre, je commençais à avoir des raisonnements aussi pessimistes qu'Annie. Il fallait se ressaisir.

Dans l'usine

Je fouillais ce lieu avec application, rien de probant à l'horizon…

Tout était lisse et propre, comme une usine se doit de l'être. Des machines de production à la chaîne, des réactifs, du matériel de laboratoire un peu vieillot : lames de microscope, pipettes, bécher et autres ustensiles traînaient sur des paillasses, qui semblaient avoir fait la guerre. Traces chimiques et d'usure un peu partout, ma foi, tant que la ligne de production tournait à plein régime, pas besoin d'en changer, j'imagine.

Mais la vraie question qui se posait à moi était : quel indice allais-je tirer de là ? À part, peut-être, faire venir l'inspection du travail, pour qu'elle contrôle la sécurité des employés. Mais ce n'était clairement pas ce que j'étais venu chercher à la base.

Alors que j'étais en plein dans mes réflexions, et aussi en train de me demander aussi comment accéder aux étages, j'entendis brusquement des voix !

Des travailleurs de nuit ? Des renforts appelés par Léo ? Pas le temps de me poser trop la question, je me cachais derrière un monstre de métal et de tuyau, et tentais de calmer ma respiration au maximum.

« L'ambiance à clairement changer ici ! »

« Ouais, j'suis d'accord avec toi »

« Tu t'rends compte, le fossé entre les promesses d'embauches, et comment on nous causes en c'moment. »

« J'travaille avec toi, tu es con ou quoi, bien sûr qu'ils nous prennent pour des vaches à lait ! »

« Non, mais j'parles pas que du salaire, les managers, j'ai envie d'les faires redescendre sur terre ces cognos. C'est pas pac'que tu as plus de gros diplôme et qu'tu t'occupes du job un peu plus commercial que tu dois nous parler comme d'la merde ! »

« Pour sûr, pour sûr ! »

J'entendis un long soupir et des bruits de machine qui se mettent en route, dans un fracas monumental, c'était le moment de respirer à nouveau.

Par contre, je n'entendais plus mes deux larrons.

D'après ce que je devinais, ils n'étaient pas du côté de leur patron. Pouvais-je tenter une approche directe ? Oui, non ? Je jetais un coup d'œil discret, ils s'étaient remis au travail…

Ouais, donc a priori, ils râlaient pour la forme, par chauvinisme bien français, mais ils déclencheraient probablement l'alerte si je tentais de les soudoyer. Les soudoyer avec quoi d'ailleurs ? Les exciter pour qu'ils montent avec moi et fassent des réclamations salariales à Walter, très peu de chance de succès je pensais. J'aurais dû demander un mandat !

Léo avait été clairvoyant sur la situation, et Bob avait suivi la voix de la raison. J'étais décidément trop impulsif, trop sanguin pour être un bon policier. Quoique, tout le monde a les défauts de ses qualités, cette impulsivité pourrait me servir à faire avancer l'enquête si je m'y prenais correctement.

Mais comment ? Bon sang !

Je regardais autour de moi, rien d'utilisable. Je tâtais mes poches, je sentais le taser de service dans ma paume de main…

À la limite, il restait la manière forte. Sauf que je n'étais pas dans mon droit, et que je risquais tout simplement de me faire virer de l'école et de la caserne. Bref, repartir à zéro en valait-il la peine, juste pour se faire mousser ?

Je respirais calmement, 3 s inspiration, 5 s bloque, 7 s expiration.

Je pris une décision, la manière forte.

J'attendis donc patiemment que l'un des salariés soit isolé, et je lui fis sentir le bout de mon taser contre son dos.

« Police, ne bouge pas, ne crie pas, j'ai besoin d'une simple information et tu t'en tireras très bien »

Bien sûr, je ne pus pas empêcher un juron et un sursaut, une chance, le matériel qu'il tenait dans sa main ne tomba pas à terre, et n'alarma pas son copain.

Par contre, il stoppa bien évidemment la chaîne et le tapis roulant face à lui s'arrêta.

Je crus instinctivement que l'affaire s'arrêtait ici, l'autre allait rappliquer.

« T'inquiètes ! Michel ! Je gère » cria-t-il.

Je retenais un long soupir de soulagement, et senti mes entrailles de desserrer. Je me surpris à lâcher un peu de pression et penser à ce que j'allais lui demander, et à ce que j'allais demander à Walter, l'anticipation n'était décidément pas mon fort.

Il fallait se reconcentrer, une étape à la fois.

« Qu'est-ce tu veux savoir, poulet ! j'm'en fous pas mal de c'te boîte si tu veux savoir, par contre, ça m'arrange pas vraiment d'perdre mon job la tout d'suite, alors t'as pas intérêt à m'balancer »

Je répondis sèchement : « Dis-moi juste comment monter à l'étage ! »

Il laissa échapper un rire jaune

« Y'a un bouton d'arrêt d'urgence au fond de l'entrepôt, c'est un faux, il suffit d'arrêter la chaîne, pour que les autres s'activent. Enfin… les autres ici, pac'que là-haut ils s'en fichent pas mal de s'qu'on devient ici-bas. » Il fronça les sourcils, je priais à chaque instant, car un gabarit pareil risquait de me sécher d'un seul coup, s'il le décidait.

« Tu leur veux quoi ? J'savais pas qu'on avait attiré la flicaille. On n'en sait foutrement rien de s'qu'on fiche ici nous, on suit les process, on encaisse not » salaire et puis basta »

Mince ! rien ne servait de l'interroger plus longtemps visiblement.

« Tu verras bien, dans les jours à venir » je sentis un frisson le long de ma colonne et ajouta rapidement « l'usine ne va pas fermer ne t'inquiète pas, nous cherchons une seule personne qui est en infraction grave » puis j'ajoutais, peut-être avec trop d'espoir « tu as une idée de qui ça peut être ? »

Il réfléchit un instant.

« Déjà, laisse mon remettre le tapis en route »

Je desserrai la prise, mais gardait le doigt sur la gâchette.

« Probablement les ressources humaines, ces chacals font tout pour nous enc… »

Je ne le laissais pas finir sa grossièreté, et m'éclipsait dans le fond du hangar, je ne trouverai rien de plus en l'interrogeant.

Le deuxième étage

Je poussais la manivelle d'arrêt d'urgence, dans un silence feutré et élégant, l'armoire d'outillage face à moi se déroba pour dévoiler … un escalier en colimasson.

Je priais pour que l'ouverture n'ai pas ameuté les employés de l'étage, et poursuivi mon avancée.

J'accédais enfin aux bureaux, l'étage 1. Tout aussi fonctionnel que l'usine, cet étage était composé d'un open-space moderne. Je supposais donc que cet étage était réservé aux taches administratives et à la recherche. En tout cas, il ne manquait pas d'ordinateur et de poste de travail.

Je plongeais derrière un bureau en apercevant quelques salariés à l'air dynamique et concentrés. Mon cœur battais à tout rompre, cet étage ne disposais pas de beaucoup de cachette. Et, malgré l'heure avancée, beaucoup de personnes s'activaient ici…

Comment passer inaperçu ? Je tâtais mécaniquement mon équipement, rien qui puisse m'aider à être silencieux. Il faudra donc louvoyer de bureau en bureau sans se faire pincer. Je ne pouvais de toute façon pas rester statique encore longtemps.

Déjà, je perdais beaucoup de temps à réfléchir à où aller, que faire par la suite, que dire à mes partenaires. Encore une fois, je perdais de vue mon objectif à court terme.

Je me préparais donc à sauter de bureau en bureau lorsqu'une voix éclata derrière moi.

« Qu'est-ce que vous faites ici ? Pourquoi être accroupi derrière le bureau de Jean ? »

Cette fois, je cru que mon cœur allait sauté hors de ma poitrine.

Je réfléchissais à toute vitesse, et transpirait abondement.

« Relever vous pour commencer, et expliquer-moi comment vous avez accéder à cet étage, et qu'est-ce que c'est que cette tenue et cet outils que vous portez à la ceinture »

Bon sang ! c'était ma seule chance, le bluff.

Je me relevais, me retournais, et faisait des efforts monumentaux pour avoir des mimiques et une attitudes non suspecte. Je pensais rapidement qu'ils auraient pu nous enseigner cela aussi à la formation.

« Je suis » et le reste sorti de ma bouche avec le maximum de naturel dont j'étais capable à cet instant

« Je suis le technicien de la wifi, on m'a indiqué une panne dans votre service. Je cherchais le point relai... ce que vous voyez à ma ceinture et à mon équipement, ce sont mes outils de maintenance. »

Je priais de toute mes forces pour que l'homme face à moi gobe mon énorme bobard. Et ne pose pas trop de question.

L'homme étais un jeune, il avait l'air d'un cadre, très propre sur lui par sa coiffure et son blaser, il m'adressait un rictus étonné.

« Effectivement, la wifi nous a lâché il y a longtemps déjà »

Mes prières avaient je ne sais comment été entendues

« Mais je croyais que l'informaticien ne devait passer qu'en fin de semaine

Peut-être mes prières n'avaient pas été entièrement entendues. Où je les avaient mal formulé ?

L'homme me scannait de haut en bas, le rictus d'étonnement s'était transformé en une face d'intense réflexion. Puis, le doute se mua et le visage de l'homme se décrispa.

« Après tout, si on vous a indiqué comment monter, je veux bien vous croire sur paroles »

Non, mes prières avaient bel et bien été entendues. Quel ascenseur émotionnel !

L'homme avait aussi l'air absorbé par ses propres pensées, ce qui avait du me sauver. Il me guida naturellement vers un local technique. Les autres employés étaient tous en costar-cravate. Et ne m'accordèrent même pas un regard, pleinement absorbés par leur travail.

Prochaine étape, Walter. J'espérais une fois encore, réussir à trouver son bureau, l'isoler, le confondre face à nos preuves.

Dans le bureau de Walter

Bastien eu soudainement un état d'abattement, juste devant la porte de Walter. Il avait déjà essayé par le passé de combattre des institutions : un professeur borné, une entreprise frauduleuse. De petit cas, mais qui lui avait donné une certitude, attaquer une institution quand on est seul, c'est un combat de David contre Goliath.

Pas besoin d'avoir fait polytechnique, Walter industries était une entreprise, avec des salariés qui voulaient garder leur place. Ils étaient solidaires et pouvaient certainement se payer des avocats auxquels Bastien n'aurait jamais accès.

Alors pourquoi il était venu se fourrer dans ce traquenard ? C'était mission suicide...

C'était bien le moment de s'en rendre compte, pourquoi ne pas avoir écouté Léo et Bob ?

Il réfléchit encore un long instant, et se dit que tous ses effort seraient ruinés s'il s'arrêtais maintenant. Il prit une profonde inspiration, compta jusqu'à cinq, et ouvrit la porte.

Walter regarda mon analyse, mon mandat, avec des yeux ronds et une face hagard.

Il se racla le fond de la gorge et me dit :

« Vos conclusion sont étonnantes, vous m'avez drôlement bien cerné, c'est étrange de se sentir épié comme cela. »

Il eut un rire jaune et un rictus douloureux.

« Elles sont cependant incomplètes, laissez-moi les complétez »

J'avais enfin le droit à des aveux ?

« L'entreprise travail sur le clonage et les améliorations biologiques, c'est vrai. Mais nous ne sommes pas les seuls vous savez.

Oui, je cherche à faire renaitre mon fils et à améliorer l'homme. Mais c'est une commande, c'est l'armée qui m'a demandé cela »

Il guetta ma réaction avec un sourire mauvais.

« Une grosse somme m'a été versé pour améliorer les 'drogues' anti-fatigue, anti-douleur, anti-asthénie. Je ne me suis pas douté tout de suite qu'ils me pousseraient à repousser les limites de l'éthique, et de me mettre hors la loi »

J'avais donc mes aveux, j'avais réussi à l'enregistrer d'ailleurs, la partie était gagnée.

« Tout n'est pas si manichéen vous savez. J'étais emballé par ses recherches, améliorer l'humain, vous pensez : avec les enzymes CRISPR CAS9, vous pouvez insérer des gènes extrêmement intéressant. Acquérir l'acuité du jaguar, la force du caïman, l'endurance du sanglier… j'ai rendu une thèse extrêmement passionnante sur ce sujet.

Et je l'ai testé sur moi aussi, les gène du dragon de Komodo, c'est un avantage non négligeable, je suis quasiment capable de partir à la chasse seul, sans équipement. »

J'étais de plus en plus horrifier par ses propos, la sueur me coulait dans le dos. Je serais le taser dans mon holster, près à l'utiliser.

« Bon, vous savez tout maintenant, je vais devoir vous laisser avec mon collègue, j'espère que vous n'avez pas mal-interprété mes intentions, et en même temps je m'en fiche, nous ne nous reverrons plus.

Au revoir, mon jeune amis. »

Je me retournais pour voir à qui il faisait allusion. Et me retrouvais face à une montagne de muscle intimidante… la galère, décidément.

Je poussais la manivelle d'arrêt d'urgence, dans un silence feutré et élégant, l'armoire d'outillage face à moi se déroba pour dévoiler … un escalier en colimasson.

Je priais pour que l'ouverture n'ai pas ameuté les employés de l'étage, et poursuivi mon avancée.

J'accédais enfin aux bureaux, l'étage 1. Tout aussi fonctionnel que l'usine, cet étage était composé d'un open-space moderne. Je supposais donc que cet étage était réservé aux taches administratives et à la recherche. En tout cas, il ne manquait pas d'ordinateur et de poste de travail.

Je plongeais derrière un bureau en apercevant quelques salariés à l'air dynamique et concentrés. Mon cœur battais à tout rompre, cet étage ne disposais pas de beaucoup de cachette. Et, malgré l'heure avancée, beaucoup de personnes s'activaient ici…

Comment passer inaperçu ? Je tâtais mécaniquement mon équipement, rien qui puisse m'aider à être silencieux. Il faudra donc louvoyer de bureau en bureau sans se faire pincer. Je ne pouvais de toute façon pas rester statique encore longtemps.

Déjà, je perdais beaucoup de temps à réfléchir à où aller, que faire par la suite, que dire à mes partenaires. Encore une fois, je perdais de vue mon objectif à court terme.

Je me préparais donc à sauter de bureau en bureau lorsqu'une voix éclata derrière moi.

« Qu'est-ce que vous faites ici ? Pourquoi être accroupi derrière le bureau de Jean ? »

Cette fois, je cru que mon cœur allait sauté hors de ma poitrine.

Je réfléchissais à toute vitesse, et transpirait abondement.

« Relever vous pour commencer, et expliquer-moi comment vous avez accéder à cet étage, et qu'est-ce que c'est que cette tenue et cet outils que vous portez à la ceinture »

Bon sang ! c'était ma seule chance, le bluff.

Je me relevais, me retournais, et faisait des efforts monumentaux pour avoir des mimiques et une attitudes non suspecte. Je pensais rapidement qu'ils auraient pu nous enseigner cela aussi à la formation.

« Je suis » et le reste sorti de ma bouche avec le maximum de naturel dont j'étais capable à cet instant

« Je suis le technicien de la wifi, on m'a indiqué une panne dans votre service. Je cherchais le point relai... ce que vous voyez à ma ceinture et à mon équipement, ce sont mes outils de maintenance. »

Je priais de toute mes forces pour que l'homme face à moi gobe mon énorme bobard. Et ne pose pas trop de question.

L'homme étais un jeune, il avait l'air d'un cadre, très propre sur lui par sa coiffure et son blaser, il m'adressait un rictus étonné.

« Effectivement, la wifi nous a lâché il y a longtemps déjà »

Mes prières avaient je ne sais comment été entendues

« Mais je croyais que l'informaticien ne devait passer qu'en fin de semaine

Peut-être mes prières n'avaient pas été entièrement entendues. Où je les avaient mal formulé ?

L'homme me scannait de haut en bas, le rictus d'étonnement s'était transformé en une face d'intense réflexion. Puis, le doute se mua et le visage de l'homme se décrispa.

« Après tout, si on vous a indiqué comment monter, je veux bien vous croire sur paroles »

Non, mes prières avaient bel et bien été entendues. Quel ascenseur émotionnel !

L'homme avait aussi l'air absorbé par ses propres pensées, ce qui avait du me sauver. Il me guida naturellement vers un local technique. Les autres employés étaient tous en costar-cravate. Et ne m'accordèrent même pas un regard, pleinement absorbés par leur travail.

Prochaine étape, Walter. J'espérais une fois encore, réussir à trouver son bureau, l'isoler, le confondre face à nos preuves.

Confrontation finale

Le gorille me faisait maintenant face de toute sa hauteur et tous ses muscles. J'aurais dû me douter que Walter ne m'affronterai pas seul. Je n'aurais pas dû me couper de l'aide de mes camarades. Je mesurais maintenant toute l'ampleur de mes caprices d'ego.

Je me mettais en position d'attaque. Un formateur nous avais montré des manœuvres de krav-maga. Des postures et des manœuvres de combat simples, rapides et efficaces. Qui s'appuyait sur les points faibles de nos adversaires.
...

Je fis le vide avec une rapidité déconcertante. Et me connectais avec mon animal totem, le loup.
Brut, agressif, clair dans ses intentions.

Et mes deux éléments totem, la foudre et l'eau. Mon corp se vaporisa peu à peu. Le gorille voulu me mettre le coup de grâce, mais sa main ne rencontra que le sol, et une décharge monumentale lui traversa le corps, et l'envoya voler à travers la pièce.
Je jubilai, j'avais gagné le premier round. Malheureusement, ce laps de temps avait laissé Walter se préparer.
Je ne sais pas ce que celui-ci c'était injecté, mais il faisait peur à voir.

Boule de feu.

Foudre. Poing, pieds, adrénaline, fureur, colère.

Je me reconcentrai. Trouvant l'équilibre parfait de l'esprit. Entre rapidité, précision et position parfaite. Walter me traversait enfin, je lui envoyais ma meilleure décharge de foudre.
Il tomba, j'avais gagné.
...

Une chose était certaine, cette affaire allait rester dans les mémoires...

L'arrestation

« Il revient à lui, peu à peu ».

Je me réveillais enfin effectivement, tout cela n'avais donc été qu'un rêve, j'aurais du m'en douter. Ces histoires ne pouvait pas être réel.

Plus réel cependant, l'avis de 'Non-aptitude à poursuivre' tendu par un des chefs de la brigade sur place

« Nous nous excusons » Fit il gêné. « Nous avons bien arrêté Walter grâce à vous »...

« Mais en l'état, nous ne pouvons pas approuver votre intégration dans une unité des forces de l'ordre, pas si vous vous mettez en danger comme cela. »

Il me tendis un chocolat chaud fumant en guise de dédommagement

Dans mon malheur, j'avais au moins gagné ce chocolat chaud, il faut voir le positif, même dans les pires situations.

Je reconsidérais à nouveau mon avenir et partais de nouveau du bas. Mais au moins, avec une certitude, ce métier n'étais pas fait pour moi, et quelque-chose clochais dans mon psychisme, il fallait que je vois un spécialiste !

Romains 6:23 « Car le salaire du péché, c'est la mort; mais le don gratuit de Dieu, c'est la vie éternelle en Jésus-Christ notre Seigneur. »

Chapitre 11 : Tout est bien qui finit bien

TDA/H, TSA et alors ?

« Donc si je résume, vous avez toujours eus des difficultés d'attention, toujours eu l'impression d'être un peu décalé, et d'avoir par conséquent des difficultés relationnelle et une grande fatigue en fin de journée ? »

Cette fois ce n'était pas un psychologue, mais un médecin, un psychiatre, à qui je parlais. Ce docteur était un véritable spécialiste, renommé et apprécié. Il avait été dépêché spécialement pour moi, après ce que donnait mes résultats de consultations psy.

Il réfléchissait profondément à mon cas, soucieux d'être celui qui allait m'apporter la réponse à ce micmac incroyable qu'était ma vie, moi, Bastien, jeune paumé avec quelques réussites, mais beaucoup d'échecs aussi.

« Vous souffrez peut-être de votre célibat et de ne pas avoir de situation stable, mais je pencherais également vers un diagnostic de trouble de l'attention ancien, avec inattention prédominante, et fort Q.I. »

Je soufflais, blasé, ce diagnostic allait-il à mon bénéfice ? Ou était-ce une nouvelle inconnue dans l'équation de mon parcours atypique ?

« Alors attention, les troubles psychiques sont un peu comme la carte de l'Afrique, des chercheurs ont posés des limites fixes, et des critères de jugements forts. Mais ça ne doit pas vous définir vous. Un peu comme les frontières de pays africains ont pu changer par le passé, et sont maintenant vastes et complexes.

Vous ne devez pas vous définir selon le TDA/H, vous êtes plus que ça. Ne vous catégorisez pas, laisser en le soins aux autres s'ils le souhaitent, vous ne l'empêcherez pas de toute façon. On ne peut pas être aimé de tous. Mais je vois du potentiel en vous, beaucoup de réflexivité, une grande sensibilité. Continuez à avancer et à prendre des initiatives, vous allez vous en sortir, votre trouble est connu et n'est pas un handicap fort. Vous allez vous en sortir, je crois en vous !

Avez-vous votre carte vitale et 39,5 euros s'il vous plait ? »

Je sortais du bureau un peu abasourdi. Encore une fois, vague et mystérieux comme diagnostique de mon errance.

Ce que je retenais en gros de tout ça, moi, Bastien. C'était qu'il fallait simplement que je change d'air et de voie. Quitte à revenir plus tard dans la police, tant qu'à faire, nous ne sommes plus à ça prêts non ? Autant jouer sur plusieurs tableau en même temps.

En plus de me confronter à ce que pouvait être une longue errance thérapeutique (les médecins ne sont pas des êtres exempt d'erreurs, il faut faire attention à soi), l'annonce de ces troubles avaient changé ma vision des choses, sur certains points de ma vie.

D'abord, les troubles du comportements léger sont présent chez beaucoup de personnes. Sans que ceux-ci ne les handicape dans la vie de tous les jours. Il faut savoir accepter que certaines personnes soient un peu atypiques sans doute, ça fait partie de l'ouverture d'esprit nécessaire au bon vivre-ensemble.

Mes troubles sont passés à l'as, pendant au moins une vingtaine d'année. Sans qu'un seul professeur ni même ma famille, pourtant très intimes, ne le remarque. J'appris plus tard, grâce à des groupes de paroles, indispensables à toute thérapie de ce genre, que ce tableau était fréquent chez les personnes souffrants de troubles psychiques.

Ces troubles me fatiguent effectivement énormément, car s'organiser, décrypter les émotions fines et l'humour par exemple, et prendre des initiatives dans le bon sens du terme. Tout cela m'est presque hors de portée. Ce qui explique beaucoup de mes difficultés d'insertion et de sociabilisation. Même si je ne suis tout de même pas un ours non plus. Mais j'intellectualise au lieu de vivre et agir avec cœur et intuition, conscience et envie de bien faire. Heureusement, il existe des stratégies comme la post-it-omanie et l'agenda-nota-manie. Qui soit dit en passant sont utilisés par des personnes tout à fait valides.

Dans ce cas de figure, la secoue-thérapie ne donne pas de bon résultat malheureusement. Il est nécessaire de se confronter d'abord, au monde du travail, pour mettre en lumière ses difficultés. Puis de faire des démarches de reconnaissance de son handicap et avoir les soins et groupes de paroles adaptés à sa situation propre. Car nous sommes tous uniques au fond.

Sans le soutien de mes amis et de ma famille, je n'aurai sans doute jamais eu la force et je ne me serai peut-être jamais sorti de la honte d'être différent. Peut-être aurai-je continué à avoir des comportements impulsifs et dangereux pour moi-même encore longtemps. La police étant un exemple parmi tant d'autre.

Il n'y a aucune honte à se chercher, se centrer sur soi lorsqu'on est jeune adulte, ou patient avec des troubles psys. Il faut au contraire mieux le faire en prévention avant qu'il ne soit trop tard.

Autre chose que j'ai appris, pardonner les gens autour de moi. Il est rare de croiser des personnes frontalement malveillantes. Ces types de personnalité s'isolent et créent seules leur malheur en général. C'est ce que les bouddhistes appellent le karma, mais on peut donner un sens bien plus terre-à-terre à cette explication spirituelle : le positif entraine plus de positif autours de soi, les gens sont reconnaissants. Les actes désintéressés et altruistes payent toujours, malgré ce que des personnes un peu égoïste peuvent prétendre. En fait, on enseigne cela aux enfants en général. Mais beaucoup oublient leur âme d'enfant avec les obligations et les contraintes nouvelles. Diable ! ne faisons pas au voisin ce qui nous insupporte !

Garder le positif pour soi et pardonner sont donc deux nouvelles valeurs très importantes pour moi, pour résumer. On peut toujours tirer bénéfice d'un trait de personnalité excentrique et d'une sensibilité et empathie exacerbée.

Gérer mon trouble Asperger

Bon, le diagnostic est tombé : Asperger et TDA/H. Pourquoi est-ce passé si longtemps inaperçu ? Parce-que mes symptômes étaient très légers. Quelques problèmes d'inattentions et d'impulsivité, mais ça, vous avez dû vous en rendre compte au fil de la lecture.
Jusqu'à maintenant, avec le cadre scolaire et le peu de responsabilités « vraies ». Pas de problèmes d'intégration sociale, pas de mise en danger.

Par contre, avec la vie d'adulte, est venu un très léger décalage. Et cela ne pardonne pas. Vous allez me dire que beaucoup de neurotypiques (c'est-à-dire, des personnes ayant eu un développement normal du cerveau), ont un petit décalage par rapport aux autres aussi.
Oui, c'est une petite originalité, en général ; qui ne remet pas en cause leur intégration sociale. Par exemple, un artiste peut avoir un petit côté fou dans ses créations, mais il va bien tenir ses rendez-vous, il va être réaliste dans ses projets, organisés.
Moi, j'ai dû faire le deuil, en quelque sorte, de me comporter comme tout à chacun.

Vous êtes peut-être en train de vous dire « allez, ça y est, encore un cas social qui pleurniche sur son sort ! »
Non, là n'est pas le but.
J'essaie d'expliquer, pas de moraliser. En effet, il est possible, en y mettant du sien, de se créer une vie agréable. Comme un neurotypique le ferait quoi ?

Si ça ne va vraiment pas, psychiatre, psychologue, groupe de parole.
Puis quand tout va bien, ma foi, il faut voir l'autisme et le déficit d'attention comme une force. Qui implique une meilleure attention aux détails, une meilleure créativité, un aspect artistique plus développer que la moyenne.
On peut avoir honte et savoir que l'on abuse de l'aide extérieur. C'est important d'apprendre à sentir, effectivement, lorsque l'on abuse de la gentillesse d'un proche, s'autonomiser est important, dans la vie de tous les jours :).

Mais par contre, tout le monde a besoin de l'aide d'un expert au moins une fois dans sa vie. Pour un détail, par exemple faire un meilleur tiramisu, ou pour des choses importantes. Du mal à être à l'aise en entretien d'embauche, du mal à comprendre la mécanique de sa voiture, etc.

Et en plus, on ne va pas pousser mamie dans les orties. Je suis heureux actuellement. Au maximum de ce que la vie peut m'apporter. De bons amis fidèles, une situation stable, des hobbies, un métier.
Alors, vous auriez raison de me « renvoyer dans mes 22', oui, je vais bien.

Je trouve du positif dans chaque situation. C'est important de trouver du bon partout.
Avoir un état d'esprit positif, c'est se placer dans une humeur positive, qui va attirer et consolider vos relations extérieures.
Vous n'avez jamais ressenti cela ? Tout va mieux lorsque l'on aborde la vie avec un œil nouveau, et un vocabulaire nouveau. Je ne vous demande pas de devenir un imbécile heureux !
Ou de ne rien prendre avec sérieux, bien sûr, bien des sujets demandent du sérieux. Et de la concentration, de la vigilance... ce que j'ai du mal à faire personnellement, TDA/H oblige.

Mais, dans les moments de pauses et de vie, cultiver votre brin de folie, votre originalité. Ce qui fait que vous êtes vous-même et pas un autre. C'est le meilleur conseil que je puisse vous donner.

Un exemple ?
Dans mes groupes de paroles. J'ai la sensation de faire partie d'une agence secrète, d'un groupe d'extra-terrestre ou de superhéros qui aspirent à une vie plus posée. Loin des soucis que leur super-pouvoir leur apporte.
Vous voyez qu'on peut avoir de l'humour dans chaque petite chose.
Moi, et mon gang des "Aspies" comme on s'appelle (les autistes Asperger si vous préférez), on sait qu'on a tendance à déballer nos sentiments et nos émotions, sans filtre. On oublie les sous-entendus et le langage paraverbal : les intonations, les non-dits implicites, les codes sociaux. Tout cela nous est tout simplement étranger. Comment vous dire ? C'est comme essayer de courir avec un genou en moins, le cerveau n'est pas développé pareil tout simplement.
Mais, comme je vous le disais plus tôt. Une fois qu'on le sait, pas d'excuse, on fait un effort, on se s'apitoie pas sur son sort. Tous font des efforts, alors nous aussi.

On sait aussi qu'il faut observer ses émotions, car c'est moins douloureux pour nous d'observer et d'analyser, on sait bien le faire. Par contre, ressentir une émotion de plein fouet. Ce n'est jamais très agréable, pour personne d'ailleurs. Et ça n'aide pas nécessairement à prendre une bonne décision.

Bien entendu, ces stratégies ont un coup. Imaginez être tendu mentalement toute la journée, au aguets, scrutant les réactions des autres pour tenter de décrypter leur comportement.

Ce n'est pas naturel, ce n'est pas 'automatique' pour moi, et donc, ce processus à un coup intellectuel, qui me laisse sur les rotules à chaque fin de journée. Chaque jour est une nouvelle bataille.

Alors, les gens autour de vous ne vous comprennent pas non plus, peu font l'effort de s'adapter.

Les gens proches qui vous connaissent oui ! ils savent pourquoi vous dormez 10 à 12h par nuit, pourquoi vous êtes extrêmement précis et contextuel a chacune de vos phrases, pourquoi parfois vous ne saisissez pas immédiatement leur colère ou autre sentiment.

Mais les inconnus, ce serait un coup trop important pour eux, alors, en général, ils se disent que vous êtes étrange et passe leur chemin. C'est de l'autoprotection, c'est normal, je ne leur en veut pas.

Je peux aussi donner l'impression de me justifier et me trouver des excuses toute la journée. Comprenez bien que ce n'est pas le cas, ce sont des explications que je vous donne ici. Mais en soi je ne me plaint pas, je suis heureux comme je vous l'ai déjà dit, j'ai un entourage proche qui me suffit et me soutien, des stratégies qui permettent mon intégration sociale et professionnelle. Oui, je pourrais demander une reconnaissance de travailleur handicapé, voir même une inaptitude au travail, ce ne serait pas difficile à obtenir et à rester chez moi, au calme, dans la solitude que j'affectionne tant.

Mais, le bénéfice que je tirerai de cette vie serait très faible et très rapidement malsain. Je préfère travailler, je préfère mettre mes quelques dons intellectuels aux services des autres, apprendre des autres comme ils apprennent de moi.

Sinon chez moi, je serai en boucle fermée, sur mes soucis psychologique. Loin de moi ce désir, ce n'est pas une vie souhaitable, je trouve

Nouveau départ

Ça y est, on m'a trouvé une reconversion, aide-soignant ! Je vis ma meilleure vie.

J'ai toujours, avec mon papy, su que j'aimais m'occuper des personnes fragiles et vulnérables. Tu m'étonne que ça ne le faisait pas dans les forces de l'ordre ! En plus, pour ce métier j'ai une longueur d'avance vu l'expérience accumulée avec papy Georges.

Efficacité Confort Organisation Responsabilités Sécurité Economie Transmission, ce modèle résume bien ce que doit être un A.S compétent, et consciencieux.

Chez les A.S comme on dit, on s'occupe des gens, on prend le temps de se reconstruire. On se fixe des objectifs à long terme. On fait pratiquer de la méditation pleine conscience et de la cohérence cardiaque aux patients.

Peut-être que je cherche aussi à me reconstruire moi-même au passage, profiter de la bonté et la patience des infirmières. Qui sont mignonnes au passage… Oui, je vous l'avais pourtant dit que je ne suis pas toujours bien intentionné !

Vous voulez une anecdote amusante ? Mes caractéristiques d'Asperger m'aident à être un bon soignant !

D'une part, je ne confonds pas l'empathie et la sympathie. Certains soignants « s'abiment psychologiquement » car ils font l'erreur de partager les tristesses et les peines de leurs patients hospitalisés. En fait, cela peut aider à donner un soin de qualité, mais très rapidement, vous allez au burn-out. Car l'hospitalisation n'est pas drôle, certes, mais, en réalité, le patient n'a pas besoin de votre sympathie.

C'est-à-dire que vous partagiez ses émotions avec lui, car cela le confortera dans sa tristesse et son laisser aller. En revanche, si vous êtes empathique : que vous comprenez sa douleur et sa peine, mais que vous mettez une distance sentimentale raisonnable, et que vous le poussez à voir le positif de sa situation. Un truc tout bête, s'il apprécie les repas, focaliser le là-dessus.

Vous faites alors preuve d'empathie, c'est-à-dire que vous comprenez ses processus mentaux, mais que vous ne les partager pas. C'est dur à comprendre, c'est contre-intuitif, mais vous vous mettez en position de neutralité et à la juste distance personnelle pour l'aider au mieux.

Comprendre cette subtilité fut facile pour moi, car les Asperger ne rentre pas naturellement en sympathie, ni même en empathie, ils resonnent en termes de résolution de problème. Ce qui au passage les aident énormément à comprendre les subtilités techniques du codage informatique.

Comme quoi, les médecins et psychologues que j'ai pu côtoyer ont raison. Il y a toujours une façon positive de se voir, de redorer son égo, de trouver sa place et sa force au sein d'un groupe.

Et le fait d'être Aspie n'est pas un problème en soi, de toute façon je ne vais pas m'arrêter de vivre à cause de ce soi-disant 'trouble'. Il faut s'adapter, et réajuster, comme dans la démarche du soignant, même si c'est dur, même si cela prend beaucoup de temps et d'énergie.

Cependant, j'ai remarqué que, dans ma vie, connaitre mes faiblesses et la particularité du 'câblage' de mon cerveau m'aidait énormément au quotidien. A être un meilleur être humain, bienveillant, adaptable, dans l'apprentissage constant. Je me trouve, au terme de ma formation et de mon chemin de vie, meilleur. Je trouve simplement que je suis une meilleure personne, plus réactive, plus dynamique, qui se connait mieux. Ses forces, ses faiblesses, ses capacités, ses limites.

Bref, je vie mieux avec les autres et avec moi-même. Ce qui n'est pas une mince affaire pour un Aspie, je me félicite pour ça chaque matin.

Aussi, je comprends mieux pourquoi il est important de faire des petits pas plutôt que lancer des grands projets, pourquoi la méthode pomodoro, pourquoi les enjeux de pouvoir et le fayottage me sont inconnus et abstrait. Mon cerveau n'est pas développé comme la 'Norme'. Et la société est pensée pour 95% ou 75% des comportements les plus banals, prévisibles, car l'humain a besoin d'un minimum de contrôle. Encore plus les enquêteur qui ont besoin de démêler la stricte vérité.

Comme je fais partie des 5% hors Normes, je fais un effort d'adaptation au quotidien. Qui ne se voit pas, mais qui m'épuise au quotidien.

Je comprends mieux le monde à présent, je me connais mieux, je suis plus heureux, plus épanoui, enfin.

Pour résumer : Le cocktail inattention entraine de la culpabilité, puis de la tristesse à long terme. C'est le cocktail dépression.

A l'inverse, écouter, reformuler, poser des questions. Ses armes contre la vie, qui lui permettais de planifier, ordonner, ne pas mélanger son travail et sa vie, de se faire des amis, d'être mature dans ses choix et décisions. C'était le cocktail du bonheur pour lui.

Son arsenal contre les obligations de la vie adulte, sa bulle, son jardin heureux.

Je ne me cache pas mon trouble, mais ne le laisse pas guidé ma vie.

Faire des petits changements de comportement, s'adapter aux autres, qui ne peuvent pas s'adapter à moi, je comprends mieux à présent.

Les formateurs dans la santé utilisent des méthodes de formation similaires parfois à ce que j'ai pu faire dans la police : le martelage sur l'importance de la communication et du travail d'équipe : Principalement non-verbal, besoin de reformuler et d'aller au bout du processus de décodage.

Je serais récompensé de mon labeur, car je verrai la trace numérique, archivée, de mon labeur. Et mon cadre, et mes collègues me féliciteront lors de mon départ en retraite. Je comprends enfin le sens de : 'travaillez, un trésor est caché', et je suis inspiré par tout ce qu'il est capable de produire en une journée, en équipe, comme tout seul.

La métaphore du rugby est d'autant plus pertinente je trouve à présent, et je me la remémore de temps en temps.

Vous allez sans doute me demander les 'contres' des métiers paramédicaux, enfin, si vous avez bien suivi ma pensée jusque maintenant.

Les équipes parlent énormément, c'est souvent bienveillant mais il faut faire très attention à son image quand-même. On m'a dit un jour, que l'hôpital c'est 'Games of Thrones'. C'est un peu vrai. Et en même temps moi ça m'arrange, j'aime les anecdotes croustillantes.

Les patients vous parlent mal parfois, ils sont souffrants en même temps, et ils évacuent leur souffrance. Et ils s'excusent en général après coup.

On se met parfois en danger, d'un accident d'exposition au sang par exemple, d'un patient agressif… ça peut arriver, mais en même temps on a des dispositifs d'alerte pour ça. Et vu que je voulais aller dans les forces de l'ordre, c'est quand même moins dangereux d'être soignant. La tenue blanche vous protège on va dire.

Les 'pour' ? Pour finir sur du positif. On apprends énormément de chose sur le corps humain et la psychologie. Ça aussi j'aime beaucoup. Les collègues sont bienveillants et ont à cœur de vous intégrer, ça promets de bonnes soirées en perspectives.

Cette expérience m'a aussi appris qu'on peut toujours compter sur soi, et aller chercher ses qualités les plus profondes pour repartir à 0. Réussir un concours, trouver sa voie, s'épanouir.

J'ai maintenant un costume élégant et à ma taille, mon CV est tiré au cordeau. Il est écrit 'adaptable' et 'motivé' dessus, j'ai réussi à enterrer la procrastination. Et même pas besoin de s'inventer une vie pour le rendre attractif.

Bref, avec mes premiers stages en psychiatrie, je commence à entrevoir le soin dans la vraie vie, des problèmes de vrai vie, au contraire de la fac. Et je me mets à aimer les aspects positifs du métier. Être en première ligne pour aider les personnes vulnérables, recueillir leur 'merci' en récompense.

Même l'odeur du désinfectant pour sol, démarre ma journée. Je prépare mon chariot de soins. Et je démarre, sans trop me poser de questions sur mon utilité sociale. J'ai le droit à des moments de pauses et de décompensation du stress particulièrement agréables, et à des ragots croustillants, sur qui drague qui, qui a fait quoi dernièrement. Et ça suffit amplement à mon bonheur.

Je suis plus épanouie donc plus à même d'aider mes amis en cas de coups durs, je crois que c'est ça finalement la vie d'adulte. En tout cas ça s'en rapproche selon moi.

J'ai aussi bien intégrer les principes et fondamentaux de mon nouveau métier :

Ne pas confondre empathie et sympathie, on ne gagne rien à mêler ses sentiments à la démarche de soins, comme dans la police, trop de liberté et être trop peu cadrant c'est synonyme de laisser aller du patient. Même si ça peut parfois crever le cœur, il faut être ferme.

C'est ambivalent je l'accorde, mais le patient nous remercie au final, car à l'extérieur, il se doit de toute façon d'avoir un comportement adapté, si on veut envisager le retour à domicile, il faut remettre un rythme correct.

Je peux tenir comme vérité générale que le chômage fait beaucoup de dégâts, que je suis en bien meilleure santé actif et au service des autres.

Avec de la pratique et de la patience, tout vient à point à qui sait attendre ! Paris ne s'est pas fait en 1 jour.

Le travail en institution de soins

Vous avez peut-être du mal à saisir ma fascination pour la discipline de la médecine polyvalente. Ou des service d'Etablissement d'Hébergement pour Personnes Agées dépendantes, je vais vous l'expliquer.

Effectivement, c'est un travail ingrat, dur, mal reconnu à sa juste valeur. En tension certes, ce qui vous permet de trouver rapidement du travail, mais permets également à votre employeur de vous mettre une pression de résultat phénoménale. Un travail physique et stressant.

Alors, pourquoi persister dans cette voie ?

D'abord, il y a l'effet rituel et Madelaine de Proust, vous vous souvenez de mon papy Georges, c'est à force de m'occuper de lui, que j'y ai pris du plaisir. C'est le fait de le voir debout, plein de vie, se réaliser et poursuivre sa vie normalement malgré ses dépendances et affections diverses, qui me remplit de plaisir. Et chaque fois que je débute une tournée sur des patients, les souvenirs de nos discussions de 'philosophie' et de 'chemin de vie' me remontent et me font rire. C'est une belle façon de débuter une journée

C'est bête, mais rien que le fait de faire son lit au carré comme on me l'a enseigné, et de voir sa chambre propre, rangée, ordonnée, ça me suffit à me remplir d'un sentiment d'utilité et de plénitude.

Difficile à expliquer si vous n'avez pas la même vocation que moi, et je ne vous juge pas attention ! il faut de tout pour faire le monde : si tous avaient le même caractère et les même capacités. Il n'y aurait pas de débat d'idée et de travail d'équipe. Le monde serait triste vous ne trouvez pas ?

En plus, le fait de trouver du boulot tout le temps me permets de mettre de côté et de planifier des voyages. Rien que le fait de préparer méticuleusement ma valise, et ma feuille de route, me mets dans un état de plénitude aussi puissant.

Travailler à l'hôpital, c'est un monde à part. Ce peut être difficile si on s'y prends mal, mais une fois dedans, on y trouve son compte :

L'ambiance peut toujours être tournée en dérision pour relâcher la pression. C'est de l' humour noir, à éviter lorsque vous êtes toujours stagiaire, mais cela donne à terme un vrai sentiment d'appartenance à l'hôpital. Jusque dans sa moelle !

Les joies, les peines, les coup durs, les victoires, vous les ressentez avec force au quotidien, et c'est ce qui me plait. L'aide aux personnes qui ne peuvent pas s'aider, relativiser sa situation personnelle, j'y trouve ce qui me manquait dans la police. Vous êtes aussi en première ligne, mais pour le bien être des patients cette fois.

Attention, il n'y as pas que de bonnes choses, ça reste un hôpital avec son lot de douleur humaine, je ne vais pas vous mentir.
Mais je n'ai pas besoin de chercher à quoi je sers, mon rôle et mon utilité sont clairs, cadré, carré. Et cela me plait. Ecouter, apaiser soigner... même l'odeur de l'hôpital, j'ai finit par l'apprécier avec le temps.

Pas de managers qui me mettent une pression que je n'ai pas choisi. Je suis là de mon propre chef, et c'est très agréable d'avoir choisi sa place soi-même.

La progression et l'apprentissage sont satisfaisant. Les équipes ont en-tête que vous êtes un apprenti, un élève, et ne vous bousculent pas hors norme. En tout cas pas dans les instituts de formation de la santé ! Et si un établissement ne vous plait pas, pour X ou Y raison, vous n'avez qu'à le quitter !

Je pensais aussi partir de zéro, ce n'est pas réellement le cas, mes expériences précédentes et mes réflexions jusqu'à présent m'ont permis de mieux me connaitre, d'avoir plus de corde à mon arc, une maturité supérieur. Je m'estime mieux aussi, ce qui me permets d'aider mieux les autres, dans mon entourage, car j'ai plus la tête sur les épaules, il me fallait le batême du terrain pour cela.

Je retourne parfois à la philosophie, mais je garde en tête que celle-ci n'a pour but que de questionner et débattre, pas de résoudre tous mes problèmes existentiels. Avec cette approche, je suis plus serein et plus à l'écoute.

Autre chose de plaisant à l'hôpital ? Le personnel, certains sont géniaux
Ils sont dans le non-jugement, l'absence de filtre inutile, et œuvre pour le bien publique et prévenant et guérissant les troubles les plus fréquent. C'est un boulot honnête qui nous remplit de fierté et nous pousse dans une direction commune : le patient. Comme une partie de rugby ou l'on se ligue pour marquer un essai, ici on cherche à guérir ou faire reculer la maladie au quotidien, à ce que le patient rentre chez lui !

En plus, moi qui aime les histoires de vie, les gens qui se relèvent et persistent. A l'hôpital je suis servi. J'ai maintenant une pleine confiance en la robustesse du corps et de l'esprit humain.

Je comprenais grâce à cette reconversion, a postériori, des événements de ma vie. Comme quoi, il faut se confronter aux choses pour les apprendre réellement. Surtout pour moi qui intellectualise trop .

Dans la relation au patient, il existe un credo très important : autonomiser.
En effet, personne ne va vous remercier de le rendre dépendant de vous, il faut donner des outils aux malades, mais les infantiliser serait une grossière erreur.
D'abord, parce-que l'objectif principal dans la santé : c'est que le patient rentre chez lui et reprenne sa vie normale. Un stagiaire comme moi a mis du temps à le comprendre. Mais en réalité, les médecins et psychologues sont plutôt heureux quand un patient ne revient pas vers eux. 'Pas de nouvelles, bonnes nouvelles' dit-on.
Aussi, peu de personne aime être vues comme quelqu'un de dépendant, les gens, de tout âge, déploient des trésors de ressources pour retrouver une pleine liberté.
Finalement, les soins qui concernent la restauration des fonctions du corps, c'est rapide, c'est relativement facile, en tout cas en France, ça se fait bien et les complications sont rares. Le système de santé français est particulièrement solidaire et efficace.
Non, ce qui peut prendre du temps, ce sont les blessures psychologiques, ou une rupture du lien social. L'OMS dit : "La santé est un état de complet bien-être physique, mental et social, et ne consiste pas seulement en une absence de maladie ou d'infirmité".
Et j'ai mis du temps à comprendre cette affirmation, issue de la réflexion des meilleurs acteurs du monde de la santé. Mais c'est un tout, si les pensées sont négatives, s'il y a de la dévalorisation ou du déni, alors le corps/le physique, va finir par lâcher, et les relations par se raréfier.
Si les relations sociales sont maigres, la psychologie déraille vite, et rebelote, le corps finit par aller mal. C'est aussi sans doute très Européen, la mentalité qui courait, à certaines époques, que seul le corps avait besoin d'être soigné. Dans d'autres cultures, l'esprit, l'âme ou appeler le comme vous voulez, à un rôle central dans le soin.

Quel rapport avec mes histoires de détectives vous allez sans doute me demander ! J'y viens ! en fait, j'ai trouvé plusieurs bénéfices à apprendre ces grands principes de la médecine.
D'abord, j'ai compris pourquoi je me sentais si vulnérable étant jeune et démarrant dans la vie active, si vous m'avez bien suivi, il est évident qu'il n'est pas facile de changer de cadre social, et j'avais une fâcheuse tendance à négliger les relations et l'aspect psychologique du genre humain, dans ma manière d'appréhender la justice et le métier de policier.
Certaines affaires manquent de 'logique', car l'humain n'agit pas toujours de manière parfaitement logique, mais de manière passionnelle.

Aussi, j'ai négligé mon bien-être sans doute, niant mes troubles neuro-développementaux. Évidement ! avec un trouble autistique sous-jacent, difficile de saisir le non verbal et les nuances d'intonation, les remarques cyniques. Hors, 70% de la communication est non-verbale. Si vous êtes un médecin et que vous lisez ce livre, d'abord merci d'en avoir lu autant, ça me fait chaud au cœur. Mais vous m'avez sans doute diagnostiqué d'office ce que je vous ai révélé, le TDAH et le TSA :

Tendance à ne pas saisir les informations non verbales et para-verbales (les sous-entendus) importantes : check !
Impulsivité : check !
Distractibilité importante : check !
Difficultés d'empathie : check !

Alors, vous allez sans doute me dire que cela va compliquer le métier d'aide-soignant. Pas tant que cela je vous dirai. Pourquoi ? Bonne question !
D'abord, il me tient à cœur d'aider les autres, c'est un leitmotiv important dans ma vie, la Croix-Rouge vous vous souvenez. Je vais le redire : on gagne plus que l'on pourrait le croire en aidant les personnes vulnérables, pas du confort matériel certes, mais une maturité et une expérience de la vie qui n'a pas de prix, et on s'entoure de gens empathiques et humains. Alors, je risque bien moins le burn-out dans cette voie.
Ensuite, je ne suis pas si atteint que cela en fait, je me suis rendu compte qu'avec les personnes âgées et en faisant un effort mental, j'arrivais à saisir des informations importantes. On appelle cela la démarche de soins, quel élément manque le plus à mon résident de maison de retraite ou mon patient ? Une incapacité physique ? Un risque de chute ? une pathologie (je vous passe les détails, à moins que le trash soit votre truc... mais rechercher ces informations ailleurs s'il vous plaît, ce n'est pas le sujet de cette biographie et je ne veux pas perdre de lecteur un peu douillet)
Peu de relation, dans ce cas l'écoute active est le meilleur remède, ou l'animation, et j'adore organiser ça.
Des idées négatives. Saviez-vous , que l'Agence Régionale de Santé à tout de même réussi à prouver scientifiquement ! que les pensées positives et les affirmations positives, le matin par exemple, aident significativement les personnes malades, ne trouvez-vous pas cela fou ?

Vous ai-je convaincu, si oui, je vais récolter de bonnes notes, un diplôme reconnu, et je vais réussir mes entretiens. Le positif entraîne le positif vous voyez ? Un exemple parfait !

Je suis donc prêt à reconquérir mon ex, décoller dans l'existence et inspirer d'autres personnes. Enfin, je crois...

Allez le monde, voici Bastien ! Et il est prêt à te conquérir !!!

Explications de ces deux chapitres :

Les troubles psychiatriques sont lourds et pénibles pour soi comme pour ses proches. Personne ne peux le nier. Pour autant il ne faut jamais céder à la fatalité.

Car, il y a des fautes commises car la maladie vous fait perdre une partie de la raison et du bon sens. Mais il faut bien comprendre qu'une partie de la souffrance provient du fait de céder aux attaques de Belzébul.
C'est dans ces moments où je me laissais 'glisser' comme on dit dans le jargon médical. C'est-à-dire que je prenais même plus soin de moi et restais des journées entières dans mon lit en pleine dépression. Bien entendu, il faut aller voir le médecin lorsque vous êtes en dépression, c'est une maladie invalidante.

En complément toutefois, il existe une autre façon de comprendre le syndrome de glissement et la dépression. Dans ces moments d'existence, le diable était le plus puissant à me corrompre et me faire sombrer dans le pécher.

Entourez-vous des bonnes personnes, bienveillante et aidante a votre égard. Famille, amis, professionnels de santé. Mais ne couper jamais votre relation personnelle avec le père céleste. Car « le salaire du pécher c'est la mort », il ne faut jamais l'oublier dans sa vie de foi. DIEU est tout puissant à rétablir les hommes, à condition de ne jamais arrêter de prier et de croire.

Bonus, l'exercice de l'Ikigai

Je vais vous décrire un travail demandé par mon art-thérapeute. Une psychologue qui m'a particulièrement aidée à avancer et faire de nouveau projets.

Les thérapies cognitivo comportementales et la sophrologie (dont l'ancrage, que je vais décrire ci-dessous) peuvent très efficaces sur les troubles du comportements. Bien entendu, si vous souffrez d'un trouble psychiatriques, je vous encourage à voir régulièrement un psychiatre pour ajuster votre traitement, car les techniques dites 'douces' comme celles-ci ne suffiront pas.

Un viel arbre est, pour moi, un ancrage rassurant, symbole de résistance à la maladie et de ma tendance à penser en arborescence. Symbole de créativité et de la maitrise du temps. Il peut servir de base de pensée pour une en séance de sophrologie, planté dans un décors rassurant.

Au bout des racines se trouve les projets aboutis, les détails peaufinés. Et la base robuste, insensibles aux attaques extérieures. Représente vos acquis.

C'est très personnel bien sûr, le but de l'exercice est de trouver son lieu rassurant, basé sur un souvenir heureux et une image qui vous permet de méditer et de vous apaiser. Si vous êtes réceptif, partager autour de cet exercice est un bon moyens de lâcher prise.

Le personnage au centre symbolise l'Ikigai, concept Japonais de la sagesse et de l'équilibre.

Respectivement :

- L'ampoule : ce qui est utile aux autres (ou à la société), des domaines où j'ai développé une vrai expertise, mais hors de tout égoïsme, centré sur les personnes que j'apprécie ou que je dois servir. Pour moi, la santé, les soins, le secourisme, le service à la personne.
- La clé à molette : ce pour quoi je suis compétent, un savoir-faire. Quelque-chose pour lequel je suis efficace, que je pourrais inscrire sur mon CV tellement je suis certain de ne pas échouer.

Pour moi, l'informatique, le sport, la recherche de solutions (webographie, bibliographie), les disciplines scientifiques, les soins.

- L'intersection de la clé à molette et de l'ampoule, c'est une zone de confort. Ça peut m'apporter du confort, de l'estime puisque j'aide les autres, mais peut aussi m'amener à terme à une routine épuisante (la passion est loin ! La rémunération n'est pas haute, lointaine). Nageur sauveteur par exemple pour moi
- Le cœur : la passion, ce que je fais sans voir passer le temps. Ce qui ne me demande pas de concentration ni d'effort tant je prends du plaisir à le faire. Pour moi, le sport, le théâtre, regarder des films, analyser et débattre, faire de la randonner et prendre l'air.
- L'intersection du cœur et de l'ampoule pourrait représenter une cause associative, la maison perchée 😉 par exemple, une troupe de théâtre, les recettes de la pièce allant à une association humanitaire. Il faut que je veille tout de même à ne pas me laisser dévorer car je peux me mettre hors de ma zone de confort (la clé à molette est loin ! L'argent est loin aussi)
- La liasse de billet et de pièces (oui, je l'ai plutôt mal dessiner ne soyez pas trop critique :D), c'est ce qui me rapporte de quoi vivre. Ce que je peux rémunérer. Ce qui remplit le frigo.
  Le travail, qui me demande discipline et rigueur. Pour moi, les petits jobs d'intérim et contrats saisonniers.
- L'intersection entre l'argent et la clé, c'est un métier, quelque-chose qui vous rapporte, pour lequel vous êtes particulièrement doué et efficace, mais qui ne vous enflamme pas (la passion est loin ! l'utilité aux autres l'est aussi). Pour moi, travailler comme intérimaire, j'en suis capable, ça paye bien, mais bon c'est usant à la longue ! si je ne fais que ça, il y a un risque de burn-out
- L'intersection entre le cœur et l'argent, c'est un métier plutôt artistique, ou passionnel. J'y rangerait le théâtre personnellement. Je pourrais le mettre en place de façon professionnelle, mais il y a un risque de perdre l'utilité et de se focaliser dessus donc de prendre tout son temps et de perdre mes autres capacités (manuelles, utiles au quotidiens, j'entends).

Enfin, l'intersection de tous les cercles. C'est l'Ikigai !

La zone de la sagesse

Pour moi, le métier d'aide-soignant.

Je suis compétent (enfin, je vais le devenir, on croise les doigts), c'est utile aux autres (sans blague, demandez aux résidents d'EHPAD s'ils peuvent se passer des AS), c'est une passion (vous devriez me voir en cours ! je pose 50 questions à la minutes… bon 50 c'est beaucoup, c'est une exagération de ma part, mais bref, ça m'intéresse), ça paye (pas des milles et des cent, mais l'hôpital ne vous oublie pas en principe. Sinon il faut se faire entendre !)

Bien entendu, je ne vais pas lâcher mes autres activités, je vais juste ne pas me focaliser dessus, ne pas ruminer si j'échoue, ne pas passer tout mon temps à ça.

J'espère que cet exercice pourra vous aider autant que moi, les affirmations positives aident et entrainent le positif aussi. Exercer vous à vous répéter que vous êtes compétent, utile, passionné et digne d'intérêt.

Je suis disponible si vous avez des questions.

N'hésitez pas à en parler à vos frères et sœur Chrétiens.

Bonne Lecture,

Vivi

Printed by Books on Demand GmbH, Norderstedt / Germany